복음이란 무엇인가

김경섭 지음

What is the gospel?
복음이란 무엇인가

김경섭 지음

하나님께서는 정말로 사랑하시는 우리를 위해 위대한 계획을 세우고 계십니다.
"하나님이 세상을 이처럼 사랑하사 독생자를 주셨으니"예수님은 그 뜻에 따라 탄생하셨고
인생의 궁극적인 의미에 대한 질문들이란 '예수님은 누구이신가?'를 연구하고
나를 돕기 위해서 다의 가장은 모습으로 우리의 곁을 잡고 함께해 오셨습니다.
그리고 십자가에 그 몸이지기까지 나의 모든 죄로 인해 죽었습니다.

프리셉트

지은이 **김경섭**

김경섭 목사는 전주고를 졸업하고 한양대에서 법학을, 고려대 대학원에서 경제학을 전공하였으며, 총신대 대학원(Th.M.)에서 신학을 연마하였고, 미국 테네시 주 소재 Temple신학교(M.R.E., 기독교교육학 박사과정)에서 기독교교육학을 연구하였다. 1989년 이래 남서울교회 및 남서울은혜교회에서 사역하며 목회 스승인 홍정길 목사로부터 섬김의 목회와 지도력을 수련하였다. 1997년에는 죽전 지역의 한 레스토랑에서 다섯 가정과 더불어 교회를 개척하여 놀라운 부흥을 맛보는 한편, 광교·죽전안디옥교회에서 성경적 강해설교를 통하여 매주 사자후(獅子吼)를 토하고 있다.

저서로는 『교회 인사 행정론』, 『골로새서』, 『파워리더 여호수아』, 『모세 지도력의 비밀』, 『파워리더 느헤미야』, 『그리스도의 가상칠언』, 『복음이란 무엇인가?』가 있고, 역서로는 『영적 전투』, 『영적 치유』등 10여 권이 출간되었다.

차 례
Contents

What is the gospel?

서문 | 6

1. 놀라운 사랑 이야기　10
2. 내 인생의 정권교체　36
3. 생수의 강　60
4. 새로운 삶을 향하여　86
5. 회복된 신분　106
6. 하나님의 기쁨, 내 기쁨　124

What is the gospel?

서문

복음은 이 땅에서 들을 수 있는
가장 큰 기쁨의 좋은 소식입니다.
이 참된 복음을 들어 보셨습니까?
복음의 원조 되신 예수님은 A.D.1세기경 이 땅에 오셔서
팔레스타인에 살았던 영혼들을 만나셨고,
예수님을 만난 영혼마다 복음의 소식 앞에
진주처럼 아름답게 거듭난 인생이 되었습니다.
오늘 우리는 갈브레이스 박사가 설파한 대로
불확실성의 시대를 살아가고 있습니다.
도처에 우리의 행복을 파괴하는 지뢰들이 산재해 있고
심지어 교회를 오랫동안 다녔음에도 상처투성이의 인생들,
왜곡된 인격들이 넘쳐납니다.

여기 이 사람을 주목해 보십시오.
여기 예수님 안에 참 생명과 복음이 있습니다.

시중에는 신앙생활과 사회생활을 안내하는 책들이
넘쳐납니다.
하지만 신앙의 출발을 안내하는 서적은 많지 않습니다.
초신자들에게 그리고 비록 오래 믿었지만
신앙의 본질을 알고자 하는 자들에게
복음의 진수를 들려주는 것만큼 중요한 일이 있을까요?
어느 시대, 어느 계층을 막론하고 예수님은 복음입니다.
이 세상에서 가장 큰 기쁨의 좋은 소식을 듣고자 하는
자들에게 예수 그리스도를 만나는 참 행복을
이 책과 함께 선물하기를 소원합니다.

주후 2008년 가을
참 기쁨의 좋은 소식을 듣고 전하기를 소망하는

김경남 드림

"인간을 향한 하나님의 간절한 사랑"

하나님은 우리를 **사랑**하시고,
우리를 위해 **위대한** 계획을 가지고 계신다는 사실을
알고 계십니까?

What is the gospel?

복음이란 무엇인가?

"하나님이 세상을 이처럼 사랑하사
독생자를 주셨으니 이는 저를 믿는 자마다
멸망치 않고 영생을 얻게 하려 하심이니라"(요 3:16)

What is the gospel?

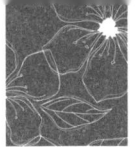

1. 놀라운 사랑 이야기

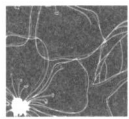

그가 우리를 위하여 목숨을 버리셨으니 우리가 이로써 사랑을 알고 우리도 형제들을 위하여 목숨을 버리는 것이 마땅하니라

(요일 3:16)

인생 매뉴얼

자식을 향한 어버이의 끝없는 사랑! 이는 그 어떤 사랑과도 비교할 수 없는 숭고한 사랑입니다. 이처럼 우리의 삶에는 변하지 않는 순리와 이치가 있습니다. 인간은 누구나 세월이 지나면 반드시 늙는다는 것, 아침이 되면 태양이 떠오르고, 겨울이 오면

대지가 싸늘하게 식는 것, 이 모두가 자연의 순리입니다. 이처럼 우리 인간의 영적인 세계에도 4가지 놀라운 원리가 있습니다. 대학생선교회(C.C.C.)를 창설한 빌 브라이트 박사는 이 4가지 원리를 수백만의 젊은이들에게 증거했습니다.

60이 넘으신 어르신들 중에 혹 손자에게 문자를 보내거나 휴대폰에 전화번호를 저장해 놓으신 분이 계십니까? 저는 얼마 전까지만 해도 휴대폰으로 전화를 걸거나 받는 일 외에는 다른 기능을 사용한 적이 없었습니다. 웬만한 전화번호는 다 외워서 다니거나 수첩에 적어서 다녔습니다. 그런데 어느 날 사람들이 모두 휴대폰에 전화번호를 저장해서 다니고 더는 수첩을 가지고 다니지 않는다는 사실을 깨달았습니다. 마침 추석 명절을 맞이하여 가족들이 다 모인 자리에서 휴대폰의 매뉴얼을 읽어가며 전화번호를 입력했습니다. 이틀간 전화번호를 열심히 입력했습니다 막상 해 보니 굉장히 쉽고 간단했습니다.

> 인간의 영적인 세계에도 4가지 놀라운 원리가 있다. 그 원리는 성경이라는 매뉴얼 속에 담겨 있다.

여러분, 휴대폰을 만든 사람이 매뉴얼을 만들어서 사용법을 일러주었듯이 우리 인간을 창조하신 하나님께서도 우리가 이 땅을 살아가면서 알아야 될 중요한 것들을 성경이라는 매뉴얼을 통하여 알려 주셨습니다. 그것이 4가지 인생 매뉴얼입니다.

인간을 향한 하나님의 사랑

첫 번째 인생 매뉴얼은 창조주 하나님께서 우리 인간을 사랑하시고, 우리를 향한 위대한 계획을 가지고 계시다는 사실입니다. 성경은 **하나님은 사랑**이시라고 선포합니다. "하나님이 세상을 이처럼 사랑하사 독생자를 주셨으니 이는 저를 믿는 자마다 멸망치 않고 영생을 얻게 하려 하심이니라"(요 3:16).

그런데 이렇게 말하는 사람들이 있습니다. "하나님이 눈에 보이는 것도 아니고 내가 경험한 것도 아닌데 어떻게 하나님을 믿지? 차라리 물체를 보듯이, 의자를 보듯이 하나님을 직접 눈으로 대면해서 대화 한번 해 봤으면 믿겠는데⋯ 보이지도 않고 만난 적도 없는 하나님을 믿으란다고 믿을 수 있겠는가? 보이지 않는 하나님을 믿으니 차라리 내 주먹을 믿는 게 낫다. 나는 내 실력을 믿고, 내 인생을 믿고, 내 주먹을 믿고 살았으면 살았지 보이지 않는 하나님, 그따위 이야기는 듣고 싶지도 않아!"

저도 처음 교회 생활을 할 때 좀 어려움을 느끼긴 했습니다. 첫째로 설교가 너무 지루하고 과장이 많다는 느낌을 받았습니다. 예수님이 이 땅에 존재했다는 건 인정하겠는데, 죽은 나사로를 향해서 '일어나라' 하니까 죽은 시체가 벌떡 일어났다니! 물고기 두 마리와 떡 다섯 개로 예수님이 축사하고 오천 명을 먹였다니! 너무 과장이 심한 거 아닙니까? 다섯 명 먹을 음식으로 열 명이 먹었다는 것은 이해하겠는데, 다섯 명 먹을 음식으로 수천 명을 먹였다니, 좀 과장이 심하다는 생각을 했습니다. 두 번째로 마음에 안 드는 부분은, 예배 잘 드리다가 매미채가 돌아가는 부분이었습니다. 풀빵 사먹을 돈도 없던 상황에서, 그나마 돈이 있으면 친구들과 과자도 사먹고 탁구도 치고 해야 하는데, 하나님께서 자꾸 호주머니에 있는 돈을 내놓으라고 하시니 갈등이 생겨서 교회 다니기가 힘들었습니다. 그래서 고등학교 시절 한 때 교회생활을 중단한 적이 있었습니다.

> 하나님이 우리를 사랑하시고, 우리를 위해 위대한 계획을 가지고 계신다는 사실이 바로 제1 영적원리이다.

여러분, 성경은 우리가 하나님을 떠나서는 마음의 평화를 누릴 수 없다고 말씀합니다. 또한 성경은 우리가 하나님을 알 수 있는 길이 있다고 말씀합니다. "이는 하나님을 알 만한 것이 저희 속에 보임이라"(롬 1:19). 우리가 육신의 눈으로 하나님을 볼 수 있는 것은 아니지만 양심의 눈으로 하나님을 볼 수 있다는 것입니다. 우리는 옳지 못한 일을 할 때 양심의 가책을 느낍니다. 이 양심은 선악의 진정한 분별자이신 창조주 하나님께서 우리를 창조하실 때 우리 심장 안에 박아두신 것입니다.

"창세로부터 그의 보이지 아니하는 것들 곧 그의 영원하신 능력과 신성이 그 만드신 만물에 분명히 보여 알게 되나니"(롬 1:20).

우리는 하나님을 만난 적이 없기 때문에 하나님을 믿을 수가 없다고 말합니다. 그러나 하나님께서는 "나의 능력과 나의 신성을 보이는 만물에 분명히 박아두었다"고 하십니다.

삼라만상에 나타난 하나님

언젠가 부산에 있는 고신대학 신학대학원에서 수련회를 인도하기 위해 부산에 내려간 적이 있었습니다. 수련회를 마치고 서울로 올라오기 위해 공항으로 가는 택시를 탔습니다. 부산 시내가 길이 좁고 복잡해서 교통이 혼잡스러운데 택시 운전기사가 아주 난폭하게 운전을 했습니다. 그래서 제가 택시 운전기사에게 부탁했습니다. "기사님, 비행기 못 타도 좋으니까 좀 천천히 갑시다." 그랬더니 운전기사는 "당신 비행기 못 타는 건 상관없어요. 나도 돈 좀 벌어야죠!"라고 대꾸하더니, 부산 시내를 빠져나오자마자 전속력으로 달리기 시작했습니다. 제가 탄 택시가 굉장한 속도로 달리고 있는데, 전방에서 탱크로리가 중앙선을 넘어 오른편에 있는 주유소에 주유를 하려고 들어오고 있었습니다. 그런데 전방에서 비행기 같은 속도로 택시가 달려오니까 탱크로리 운전기사가 놀라서 그만 멈추어 서버렸습니다. 그 순간 '이제 천국에 가겠구나'라는 생각을 했습니다. 하지만 곧 이어서 이렇게 기도했습니다. "하나님, 지금은 제가 천국 갈 때가 아닙니다. 우리 막내 장가는 보내놓고 가야 될 거 아닙니까? 우리 마누라 혼자 사는 거 안 됩니다. 하나님, 아직 때가 아닙니다." 이렇게 기도하는데 '쾅'하는 소리와 함께 그만 택시와 탱크로리가 부딪치고 말았습니다.

순간 정신이 들어 옆을 보니 같이 탔던 신학생과 택시 운전기사가 다 쓰러져 있었습니다. 그런데 저만 멀쩡히 살아 있는

게 아니겠습니까! "할렐루야! 저를 살려주셨군요"라고 기도하며 문을 열고 나와서 쓰러져 있는 사람들을 모두 병원으로 후송시켰습니다. 그리고 저도 병원으로 갔습니다. 그런데 택시에서 내려 병원을 보는 순간 온몸에 맥이 풀리고 한 발짝도 움직일 수 없었습니다. 그때까지도 저는 다친 곳이 하나도 없는 줄 알았습니다. 그런데 온몸이 어찌나 아프던지 그대로 쓰러지고 말았습니다. 이 모습을 본 의사들과 간호사들이 들것을 들고 달려와서 저를 실어 갔습니다. 병원으로 실려 가면서 귀로는 모든 소리를 다 들을 수 있었습니다. "빨리 혈압 재 봐. 뭔가 쇼크가 왔어. 위험하다! 쇼크사야, 쇼크사! 주사 놔!"

'아! 이렇게 죽는구나. 하나님 살려주시옵소서!' 속으로 이렇게 전심으로 기도했습니다. 나중에 들어보니, 저도 사고로 팔뼈가 세 조각으로 부러졌다는 것입니다. 움직일 때마다 부러진 뼈 조각이 살을 찔러대고 있었습니다. 그런데 신기하게도 병원에 당도할 때까지는 아무런 통증을 느끼지 못했습니다. 사람은 비상상황에서는 비상사태를 처리할 수 있게 하기 위해 통증을 느끼지 못하도록 고통차단막이 작동을 한다고 합니다. 얼마나 인체의 기능이 신비합니까? 이 프로그램을 누가 만드셨습니까? 하나님께서 만드신 것입니다. 저의 경우는 비상한 상황을 수습하고 병원에 당도했을 때 '동산병원'이라는 간판을 보는 순간 이 고통차단막이 풀리면서 온몸에 통증이 몰려온 것입니다.

저는 곧 서울의 순천향병원으로 이송되었습니다. 그곳에서 뼈 세 조각을 맞추고 핀을 7개 박는 수술을 했습니다. 제 수술을 집도한 의사는 나용균 박사님이셨는데, 이분은 전 세계적으로 이름 있는 외과의사입니다. 왜 이분이 유명해졌는지 아십니까? 전 세계에서 가장 교통사고가 많이 나는 나라가 대한민국입니다. 대한민국에서도 가장 교통사고가 집중적으로 일어나는 곳이 바로 경부고속도로 근처입니다. 그리고 여기서 사고가 나면 대부분 순천향병원으로 후송됩니다. 순천향병원의 외과 의사들은 다양한 종류의 수술을 많이 해서 전 세계적으로 이름을 날리게 되었다고 합니다.

나 박사님은 수술을 끝내고 제게 이렇게 말씀하셨습니다.

"목사님, 수술 잘됐습니다. 뼈를 다 정확하게 맞췄고 핀을 7개 박아놨으니 의사로서 제가 할 일은 다 했습니다. 그리고 지금부터 일하시는 분은 따로 계십니다."

"무슨 말씀이십니까?"

"아니, 목사님, 목사님이시면서 그것도 모르세요? 바로 목사님이 이 땅에 태어나기 전, 난자와 정자가 만나는 그 순간에, 하나님께서는 눈에 보이지 않는 그 작은 알갱이 속에 거대한 프로그램을 이미 새겨놓으신 것이지요. 하나님께서는 이미 그때부터 10년 후, 20년 후, 30년 후, 50년 후, 60년 후, 사고가 나서 뼈가 부러질 때를 대비해서 기존의 뼈와 똑같은 성분의 아교가 부러진 부분에서 흘러나오도록 해 놓으셨습니다. 뼈를 고정만 시켜 놓으면 접착제가 흘러나와 이전과 똑같은 뼈로 강하게 붙을 수 있도록 말이에요. 그러니 이제부터는 하나님께서 다 알아서 하실 겁니다."

이것이 무엇입니까? "그의 보이지 아니하는 것들, 곧 그의 영원하신 능력과 신성이 그 만드신 만물에 분명히 보여 알게 되나니"라고 성경이 말씀한 바입니다. 여러분, 하나님을 보여 달라고 외치기 전에 하나님의 능력, 하나님의 신성을 이 땅의 삼라만상을 통해서 감상할 수 있기를 간절히 바랍니다.

죄의 본질

과거에는 아메바가 진화하여 개가 되고 개가 진화하여 원숭이가 되고 원숭이가 진화하여 A라는 생물체가 되고 A라는 생물체가 진화하여 인간이 되었다는 주장이 있었습니다. 그런데 오늘날 유전공학자들이 인간의 인체에는 원숭이나 개와는 전혀 다른 DNA가 있는데 이는 결코 변할 수 없다는 사실을 발견했습니다. 이 위대한 DNA의 원형을 누가 만드셨습니까? 바로 전능하신 하나님께서 오늘날 우리가 삶을 영위할 수 있도록 은혜를 베풀어 주신 것입니다. 그런데 왜 인간은 하나님이 없다고 하며 하나님을 숭배하지 않고 감사하지도 않는 것일까요? 성경은 그것이 바로 '**죄**'라고 말하고 있습니다.

> 하나님이 없다고 하고 하나님을 숭배하지 않고 감사하지도 않는 것, 그것이 바로 죄이다.

죄란 우리가 도덕적으로 짓는 것만을 의미하는 것이 아닙니다. 성경에서 말하는 죄의 본질은 우리를 창조하신 하나님과 분리된 상태를 말합니다. 로마서 3장 23절에서 "모든 사람이 죄를 범하였으매 하나님의 영광에 이르지 못하더니"라고 했습니다.

사회학자들은 인류 사회 어디에나 어느 시대를 막론하고 어느 집단이든지 범죄 증후군이 있다고 말합니다. 마치 곰팡이처럼 피어오르는 범죄 증후군이 우리 안에 있다는 말입니다. 왜 이런 현상이 나타날 수밖에 없습니까? 바로 우리가 죄인이기 때문입니다. 이것이 죄악의 실체입니다.

인간 안에는 하나님을 배반한 죄악이 있기 때문에 이 죄로부터 무수한 도덕적 범죄들이 이 땅에 발생하게 되는 것입니다. 예수님께서는 이렇게 말씀하셨습니다.

"속에서 곧 사람의 마음에서 나오는 것은 악한 생각 곧 음란과 도적질과 살인과 간음과 탐욕과 악독과 속임과 음탕과 흘기는 눈과 훼방과 교만과 광패니 이 모든 악한 것이 다 속에서 나와서 사람을 더럽게 하느니라"(막 7:21-23).

우리가 오염된 공기를 마시기 때문에 우리의 양심이 더러워지는 것이 아닙니다. 우리가 더러운 물에서 수영하기 때문에 그 물이 우리의 양심을 더럽히는 것이 아닙니다. 우리를 더럽히는 것은 바로 우리 안에 있는 죄라고 성경은 말하고 있습니다.

히틀러가 독재 정권을 수립하면서 신뢰했던 인물 중에 알베르트 슈페르라는 인물이 있습니다. 그는 2차대전 당시 독일의 모든 공장을 100% 가동하게 만들어서 독일이 승리할 수 있도록 한 천재적인 공학자였습니다. 전쟁이 끝난 후 연합군은 24명의 나치범들을 재판에 회부했는데 그 중 한 명이 바로 알베르트 슈페르였습니다. 다른 나치범들은 모두 자신에게는 죄가 없다고 부인을 했습니다. "제가 무슨 죄가 있습니까? 히틀러 총통이 명령하니 그저 따랐을 뿐입니다. 그분 밑에 있는 한 명령을 따를 뿐이지, 그것이 옳은지 그른지 내가 판단할 수 없지 않습니까? 그것이 조직의 원리 아닙니까!" 모두 자기 죄를 부인하고 히틀러에게 죄를 전가시켰습니다. 그런데 유일하게 한 사람, 이 알베르트 슈페르는 자기 죄과를 솔직하게 인정했습니다. "저는 해서는 안 되는 일을 했습니다. 제가 이 범죄에 가담함으로 수백만 명의 유대인들이 죽임을 당했습니다." 그는 20년 형을 선도받고 감옥에서 수감생활을 하다가 형기를 마치고 세상에 나왔습니다. 그 후 그는 여러 권의 책을 쓰기 시작했고 그로 인해서 유명 인사로 알려지게 되었습니다.

어느 날 미국의 ABC 방송기자가 알베르트 슈페르를 인터뷰하게 되었습니다.

"슈페르 선생님, 당신이 초창기에 쓴 책을 보면 '내 죄과는 절대로 용서받을 수 없고 용서받아서도 안 된다'라고 하셨던데요, 지금도 그 생각에는 변함이 없습니까?"

그때 슈페르가 아주 슬픈 기색을 띠면서 이렇게 답변을 합니다.

"그렇습니다. 나는 내 죄 값을 치르기 위해서 20년 동안 형무소 생활을 했습니다. 나는 이제 법률상 완전한 자유인입니다. 그리고 여전히 저 자신도 자유인이라고 생각을 합니다. 하지만 제가 지은 범죄는 단지 20년형으로 결코 용서받을 수 있는 범죄가 아닙니다. 2차대전 때 희생당한 수백만의 사람들을 생각하면 내 죄는 용서되어서는 안 됩니다."

그는 지난 수십 년 동안 자신의 범죄를 책임지고자 처절하게 참회의 길을 찾고 있었지만 결코 이 죄책감으로부터 자유로울 수 없었습니다. 결국 이 인터뷰를 마치고 며칠 지나지 않아서 그는 무거운 죄책감에 시달리다가 인생을 마감하고 말았습니다.

영생의 선물

하나님을 떠나 사는 삶은 결코 우리 스스로 용서할 수 있는 죄가 아닙니다. 죄는 나 자신에게뿐 아니라 이웃에게까지 그 영향이 미치게 되어 있습니다. 전능하신 하나님, 창조주 하나님께 범하는 것이 바로 죄입니다.

얼마 전 미국에서 소형 비행기 사고가 있었습니다. 한 남자가 소형 비행기를 타고 나소 지역에서 마이애미로 가다가 바다로 추락해 버리고 말았습니다. 추락 직전에 그는 탈출을 해서 바다에 빠졌는데, 문제는 이마를 기체에 부딪치는 바람에 피가 나서 엄청난 상어 떼가 그를 향해서 몰려들었고, 그는 이 상어떼와 사투하다가 죽게 될 상황이었습니다. 이 맨몸의 한 사람과 수십 마리의 상어 떼가 싸워서 누가 이길 수 있겠습니까? 그때 그 지역을 지나가던 한 비행기 조종사가 아주 기이한 장면을 목도하면서 해안 경비대에게 긴급타전을 했습니다. "지금 바다 어느 어느 지점에 한 사나이가 상어 떼와 사투를 벌이고 있다. 오버. 구조대! 출동하라! 구조대! 출동하라!"

여러분, 이 조난자가 사는 길은 수영을 잘하는 것이 아닙니다. 이 조난자가 사는 길은 아주 날카로운 칼을 들고 싸우는 것이 아닙니다. 이 조난자가 사는 길은 딱 하나입니다. 외부의 개입이 필요합니다. 우리 인생이 그렇습니다.

> 하나님을 떠나 사는 삶은 결코 우리 스스로 용서할 수 있는 죄가 아니다. 외부의 개입이 필요하다.

우리는 하나님을 알지 못했고 하나님을 영화롭게 하지도 않았고 하나님이 없다고 주장했습니다. 그런데 하나님께서는 죄의 삯은 사망이라고 하셨고, 이 죽음에 갇혀 있는 우리 인생들을 구원하시기 위해서 가장 사랑하는 독생자 예수님을 이 땅에 보내주셨습니다. 하나님이신 예수님께서 육신의 몸을 입고 이 땅에 오셔서 우리를 섬기셨고 우리를 도와주셨고 우리 마음에 진정한 평화를 주셨고 우리 마음에 안식을 허락해 주셨습니다.

주께서 말씀하시기를 "수고하고 무거운 짐 진 자들아 다 내게로 오라 내가 너희를 쉬게 하리라"(마 11:28)고 하셨습니다. 아마 여러분은 멜 깁슨이 감독한 '그리스도의 수난'(Passion of the Christ)이라는 영화를 보셨을 것입니다. 예수님께서는 하나님이시지만 이 땅에 오셔서 우리 인생이 받아야 할 모든 죄 값을 대신 지불하셨습니다. 예수님께서 고난의 십자가 행군을 감당하셨습니다. 예수님께서 군병들의 채찍에 맞으시며 가시 면류관을 쓰시고 십자가의 길을 가셨습니다. 십자가에서 말할 수 없는 고통을 당하셨으며 내가 받아야 할 죄 값을 대신 받으시고 죽음에 이르셨습니다. 하나님이신 예수님께서는 이 죽음의 장막을 걷고 사흘 만에 부활하셔서 우리 인생들에게 영생을 선물로 주셨습니다.

미국에는 여러 가지 다양한 직업이 있는데 그 중에 이산가족을 재회하도록 돕는 직업이 있습니다. 그 회사의 직원 중에 쉐이더라는 사람이 있었는데 어느 날 한 부인으로부터 한 통의 편지를 받았습니다.

"저희 남편은 한국전쟁에 참전했다가 전사했고 딸은 8살 때 고아원에 맡겼습니다. 한 1년간 성악 레슨을 받으며 잘 지낸다는 소식을 들었는데 그 후로 지금까지 소식이 끊겼습니다. 다만 양부모에게 입양됐다는 소식을 전해 들었을 뿐 지난 12년간 단 한 번도 딸의 소식을 듣지 못했습니다. 제 딸을 만나고 싶습니다."

쉐이더는 아이의 이름이 클라우디아라는 정보만을 가지고 미국 전역을 수소문한 끝에 그녀가 LA에 있는 나이트클럽에서 저녁마다 노래를 부르고 있다는 사실을 알게 되어 찾아갔습니다. 그러나 놀랍게도 그녀는 생모를 만나고 싶어 하지 않았습니다.

> 예수님께서는 전능하신 하나님이심에도 불구하고 나를 돕기 위해서 나와 똑같은 모습으로 육신의 몸을 입고 이 땅에 오셨다.

"전 생모를 만나고 싶지 않아요. 여덟 살 때 나를 고아원에 버렸던 어머니가 왜 나를 다시 찾죠? 그때 제가 시력을 점점 잃어가고 있어서 어머니가 나를 버린 건데, 이제 와서 나를 찾아서 어쩌겠다는 거예요?"

그녀는 말할 수 없는 상처와 아픔을 토로하면서 어머니 만나기를 원치 않았습니다. 그러자 쉐이더는 양부모를 만나 다시 설득을 시작했습니다.

"언젠가 인생을 살면서 수혈을 하게 된다거나, 백혈병이 걸린다거나, 신체에 문제가 생기면 결국 생모만이 그녀를 도울 수 있을 겁니다. 그러니 꼭 한번 만나게 도와주십시오."

우리나라에서는 입양을 하면 아이가 생부와 생모를 만나지 못하도록 하지만, 미국에서는 입양을 해도 일정 기간 친부모를 만나게 해 주는 습관이 있습니다. 신문 지면에서도 한국인 자녀들 중에서 미국 가정에 입양되었다가 친부모를 찾기 위해서 양부모와 함께 한국에 들어왔다는 기사들이 있지 않습니까? 우여곡절 끝에 클라우디아와 어머니는 만나게 되었습니다. 두 사람은 호텔에서 만났는데, 클라우디아가 어머니를 향해서 "안녕하세요"하고 인사를 합니다.

"애야, 네 목소리는 10여 년 전이랑 조금도 달라진 것이 없구나. 난 정말 네가 보고 싶었다."

"전 당신이 내 엄마라고 하는 소리를 듣고 싶지 않아요. 당신은 제 엄마가 아니에요."

"애야, 어디 네 얼굴 좀 내가 직접 만져보고 싶구나."

이렇게 말하며 어머니는 딸의 얼굴을 세심하게 만지며 이렇게 말했습니다.

"애야, 참 예뻐졌구나. 넌 정말 예쁜 아이였어. 어디를 가도 난 너의 얼굴을 기억할 수 있어."

자신의 얼굴을 만지는 엄마의 손을 꽉 잡으면서 클라우디아가 물었습니다.

"엄마, 나처럼 앞을 못 보시는 거예요?"

"그래. 우리 집안에 유전성 눈병이 있었는데, 넌 12년 전 그 눈병으로 실명해가고 있었고 나도 이미 앞을 보지 못하고 있었단다. 내가 앞을 보지 못하는데 너까지 앞을 보지 못한다면 내가 어떻게 너를 키우고 너를 도울 수 있겠니? 차라리 앞을 볼 수 있는 양부모가 너를 돕는 것이 나보다 더 잘 도울 수 있다는 생각에 너를 고아원에 맡긴 거란다. 미안하다."

이 이야기를 듣는 순간 클라우디아는 엄마를 끌어안고 엉엉 울기 시작했습니다. '그렇구나! 엄마는 내가 맹인이라서 나를 버린 것이 아니라 나를 사랑해서 나를 위해서 나를 버린 거구나!'라고 생각하면서 마음에 쌓인 울분과 원한, 모든 가슴의 상처가 한순간에 녹아져 버렸습니다.

사랑하는 여러분! 예수님께서는 전능하신 하나님이심에도 불구하고 나를 돕기 위해서, 나와 똑같은 모습으로 육신의 몸을 입고 이 땅에 오셨습니다. 그리고 십자가에 피 흘리기까지 나의 모든 죄를 대신 지셨습니다. 이 예수님을 믿을 때 우리 인생의 모든 죄과가 녹아내리고 "믿는 자는 영생을 가졌나니"(요 6:47)라고 말씀하신 것처럼 영생의 축복을 누리게 됩니다.

기도 응답의 축복

구약에 야베스라는 인물이 등장합니다. 그의 어머니가 그를 고통 중에 낳았다는 뜻으로 야베스라는 이름을 지어 준 것입니다. 즉, 야베스는 '내가 수고로이 낳았다', 'in pain'이라는 뜻을 가지고 있습니다. 정확한 상황은 알 수 없지만 우리가 이 이름으로 유추해 보건대 그의 어머니가 야베스를 낳기까지 고통 중에 있었음을 알 수 있습니다.

그는 하나님을 믿고 문제가 있을 때마다 간절히 부르짖었습니다. 영어로 보면 "'Jabez cried out to the God of Israel"이라고 했는데, 이스라엘의 하나님을 향하여 부르짖었다는 말입니다. 그렇다면 그는 하나님께 무엇을 부르짖었을까요? "원컨대 주께서 내게 복의 복을 더하여 주시옵소서. 나의 지경을 넓혀 주시옵소서. 주의 손으로 날 도우사 나를 환란으로부터 벗어나게 하여 주시옵소서. 근심이 없게 하여 주시옵소서." 그는 엉엉 울면서 이렇게 간절히 하나님께 부르짖었습니다.

예수님을 믿을 때 우리는 인생의 모든 죄과를 용서받을 뿐만 아니라 고통 중에서도 건짐을 받습니다. 하나님께서는 야베스의 간절한 부르짖음을 들으시고 그 구하는 것을 허락하셨습니다. 그래서 야베스의 기도가 유명해진 것입니다. 우리가 예수님을 믿을 때 누릴 수 있는 놀라운 축복은 내 죄과를 용서받을 뿐만 아니라 인생의 길목에서 어려움을 당할 때 전능하신 하나님을 향해 부르짖으면 응답해 주시는 것입니다.

"나는 이혼의 위기 가운데 있습니다. 내 아내는 나를 도무지 이해하지 못합니다. 나는 더 살고 싶지 않습니다." 이렇게 고통하고 계십니까? 먼저 전능하신 하나님께 나아가서 그분께 외치고 부르짖고 기도하십시오. 주께서 내 인생 안에 좌정하셔서 내 가정을 평화로 인도해 주십니다.

"자녀가 탈선해서 너무나 괴롭습니다. 정말 살고 싶지 않습니다." 이렇게 고통하고 계십니까? 이럴 때조차도 우리가 전능하신 하나님께 나아가서 간절히 부르짖으면 그분께서 우리의 기도에 응답해 주십니다.

천국 잔치로의 초대

천국의 잔치는 이미 우리에게 진설(陳設)되었습니다. 제가 반포의 어느 교회에서 시무할 때 성도 중에 궁중요리 전문가가 있었습니다. 어느 날 그분에게 초대를 받았는데 기막힌 산해진미가 가득 있었습니다. 초대 받은 제가 할 일이 무엇이겠습니까? 그냥 맛있게 먹는 것입니다. 하나님께서는 우리를 천국의 궁중요리로 초대하십니다. 우리는 그저 가서 그 특권을 누리기만 하면 됩니다. "영접하는 자 곧 그 이름을 믿는 자들에게는 하나님의 자녀가 되는 권세가 있다고 말씀하셨으니, 주님 감사합니다. 제가 천국 백성의 삶을 살겠습니다." 이것이 우리가 천국 잔치에 참여하는 기본자세입니다.

우리가 천국에 나아가는 것은, 우리가 하나님의 백성이 되는 것은 스스로 노력해서 멋진 삶을 살았기 때문이 아닙니다. 우리가 하나님께 나아갈 수 있는 것은 돈이 많기 때문도 아닙니다. 하나님께 나아가는 것은 세상에서 명예를 얻었기 때문도 아닙니다. 내가 세상에서 실패했다 할지라도, 돈이 없다 할지라도, 명예가 없다 할지라도 예수 십자가의 공로로, 예수님의 놀라우신 사랑의 은혜로 주 앞에 나가게 되는 것입니다. 그때 하나님께서 우리의 인생을 받아주시고 마음에 평화를 주시고 생명을 얻는 기쁨을 주십니다.

> 예수님을 믿는다는 것은 예수님을 내 마음에 모시는 것이다.

　내가 내 인생의 주인이 되어 살 때는, 내가 모든 것을 결정하고 다스렸지만, 나는 마음에 평화가 없었고 내 인생은 혼란스럽고 갈등이 많았습니다. 왜 그렇습니까? 하나님이 인생의 주인이 되셔야 하는데 내가 주인이 되었기 때문에 그렇습니다. 이제 주인 자리를 하나님께 내어 드리고 "예수님이 내 인생의 주인이십니다. 하나님의 어린양으로 십자가에 피 흘려 죽으시기까지 나를 사랑하신 예수님께서 내 삶의 보좌에 앉아주시옵소서"라고 고백하십시오.

예수님께서 인생의 주인이 되면, 그때부터 마음에 평화가 임하고 인생에 질서가 잡힙니다. 뒤죽박죽이던 인생을 하나님께서 건강하게 바로잡아 주시기 때문입니다. 우리가 예수님을 믿는다는 것은 단지 종교생활을 하는 것이 아닙니다. 예수님을 믿는다는 것은 예수님을 내 마음에 모시는 것입니다.

"볼지어다 내가 문밖에 서서 두드리노니"(계 3:20). 우리 예수님께서 내 마음의 문을 두드리십니다. 누구든지 예수님의 음성을 듣고 마음의 문을 열면 예수님께서 들어가 그와 더불어 먹고 그 안에 항상 거하십니다. 이것이 예수 믿는 삶의 영광입니다.

놀라운 사랑 이야기
Power Point

1. 인간을 향한 하나님의 사랑

성경은 하나님은 사랑이시라고 선포하고 있습니다. "하나님이 세상을 이처럼 사랑하사 독생자를 주셨으니 이는 저를 믿는 자마다 멸망치 않고 영생을 얻게 하려 하심이니라"(요 3:16).

2. 죄의 본질

죄란 우리가 도덕적으로 타락하는 것만을 의미하는 것이 아닙니다. 성경에서 말하는 죄의 본질은 우리를 창조하신 하나님과 분리된 상태를 말합니다. "모든 사람이 죄를 범하였으매 하나님의 영광에 이르지 못하더니"(롬 3:23).

3. 예수님의 십자가

예수님께서는 하나님이시면서도 인간의 몸으로 이 땅에 오셔서 우리 죄를 담당하셨습니다. 이 예수님을 믿을 때 우리 인생의 모든 죄과가 녹아내리고 영생을 소유하게 됩니다.

4. 믿음으로 영접하기

"볼지어다 내가 문밖에 서서 두드리노니"(계 3:20) 이 예수님의 말씀을 듣고 마음의 문을 열면 주님께서 내 안에 들어 오셔서 내 인생을 다스리십니다. 예수님이 내 인생의 주인이 될 때 마음의 평화가 임하고 뒤죽박죽이 된 인생에 질서가 잡힙니다.

What is the gospel?

2. 내 인생의 정권교체

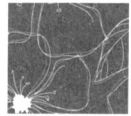

바리새인 중에 니고데모라 하는 사람이 있으니 유대인의 관원이라 그가 밤에 예수께 와서 가로되 랍비여 우리가 당신은 하나님께로서 오신 선생인줄 아나이다 하나님이 함께하시지 아니하시면 당신의 행하시는 이 표적을 아무라도 할 수 없음이니이다 예수께서 대답하여 가라사대 진실로 진실로 네게 이르노니 사람이 거듭나지 아니하면 하나님 나라를 볼수 없느니라 니고데모가 가로되 사람이 늙으면 어떻게 날 수 있삽나이까 두번째 모태에 들어갔다가 날 수 있삽나이까 예수께서 대답하시되 진실로 진실로 네게 이르노니 사람이 물과 성령으로 나지 아니하면 하나

님 나라에 들어갈 수 없느니라 육으로 난 것은 육이요 성령으로 난 것은 영이니 내가 네게 거듭나야 하겠다 하는 말을 기이히 여기지 말라 바람이 임의로 불매 네가 그 소리를 들어도 어디서 오며 어디로 가는지 알지 못하나니 성령으로 난 사람은 다 이러하니라 니고데모가 대답하여 가로되 어찌 이러한 일이 있을 수 있나이까 예수께서 가라사대 너는 이스라엘의 선생으로서 이러한 일을 알지 못하느냐 진실로 진실로 네게 이르노니 우리 아는 것을 말하고 본 것을 증거하노라 그러나 너희가 우리 증거를 받지 아니하는도다 내가 땅의 일을 말하여도 너희가 믿지 아니하거든 하물며 하늘 일을 말하면 어떻게 믿겠느냐 하늘에서 내려온 자 곧 인자 외에는 하늘에 올라간 자가 없느니라 (요 3:1-13)

영혼의 갈증

가수 강산에 씨가 부른 곡 중에 '화초'라는 노래가 있습니다.

사막의 여행길이다.
너무나 목이 말라 쉬어 갈 수도 없는
어쩔 수 없는 여행길.
타는 목마름에 물이 간절함은

베란다 구석 한 모퉁이 버려진 모습처럼
시들어가는 화초가 되어 버린
내겐 물이 필요해.
내 온몸 적실 수 있는
니가 물이 되어다오.
니가 물이 되어다오.
내겐 바로 그 누구보다
니가 물이 되어다오.
니가 물이 되어다오.
시든 온몸을 적셔다오.
너무나 니가 필요해.

 작사가는 자신의 영혼에 밀려오는 그 끝없는 갈증을 이 노래로 표현했지 않나 싶습니다.
 이 땅의 모든 인생은 세상의 그 어떤 것으로도 메울 수 없는 영혼의 갈증을 안고 태어납니다. 이 영혼의 갈증은 권력을 소유하거나 많은 재산을 모은다고 해서 해결될 수 있는 것이 아닙니다. 쾌락을 추구하면 할수록 영혼의 동공은 더 커져만 갈 뿐입니다.

하나님께서 우리 인간을 창조하실 때, 우리 마음 중심부에 하나님 한 분만으로 메울 수 있는 영혼의 동공을 만들어 두셨기 때문에 하나님을 만나지 않고서는 결코 그 갈증을 채울 수 없습니다. 유명한 성 어거스틴도 이런 기록을 남기고 있습니다. "하나님, 저는 하나님을 만나기 전까지 세상의 그 어느 곳에서도 영혼의 안식을 누릴 수 없었습니다."

예수님을 찾아온 니고데모

본문에서 등장하는 한 신사, 유대인 니고데모도 바로 이 영혼의 갈증을 안고 한밤중에 예수님을 찾아왔습니다. 1절에 보면 그는 바리새인이자 관원이었다고 설명되어 있습니다. 그는 정통파 바리새인으로서 누구보다 고결성을 유지하고자 했던 인물이었고, 율법을 철저히 지켰던 당시 정치, 종교계에 유명한 지도자였습니다. 그렇기 때문에 그는 자신의 명성에 누가 될까 봐 예수님을 밤에 몰래 만나러 온 것입니다.

그 당시 산헤드린 회원은 관원이었을 뿐만 아니라 법 집행권을 가진 막강한 세력을 가진 그룹이었습니다. 니고데모란 이름은 '니코스'와 '데모스'라는 단어에서 유래했는데 '민중을 다스리는 사람'이라는 의미를 가지고 있습니다. 문헌에 의하면 그는 헬라 문명에 정통했던 인물이고 히브리인 중에 히브리인으로서 구약과 율법에 정통했던 인물이었습니다.

또한 요한복음 19장 39절에 보면 "일찍 예수께 밤에 나아왔던 니고데모도 몰약과 침향 섞은 것을 백 근쯤 가지고 온지라"라고 기록되어 있습니다. 예수님께서 십자가에서 피 흘리시고 돌아가셨을 때 니고데모는 예수님을 위해 몰약과 침향 섞은 향품을 일백 근이나 가져왔다고 전하고 있습니다. 이 몰약은 아라비아산 향나무에서 채취한 것으로 아주 값비싼 고급 향료였습니다. 그 향료 백 근은 당시 왕족이 죽었을 때 그 시신을 위해 사용하던 것으로 왕족들만이 누릴 수 있었던 특권이었습니다. 그런데 니고데모가 예수님의 시신이 부패되는 것을 방지하기 위해서 몰약 백 근을 구해온 것으로 보아, 그는 굉장한 권세와 재력을 가지고 있었음을 알 수 있습니다.

예수님의 경고

당대 최고의 권력가요, 유명한 지식인이며 재력가인 니고데모가 도대체 무엇이 부족해서 사람들의 눈을 피해 예수님을 찾아온 것일까요? 그는 예수님을 만나자마자 2절에서 이렇게 고백하고 있습니다. "랍비여 우리가 당신은 하나님께로서 오신 선생인줄 아나이다 하나님이 함께하시지 아니하시면 당신의 행하시는 이 표적을 아무라도 할 수 없음이니이다"(요 3:2). 다른 말로 하면 "예수님, 당신은 하나님이 보내신 선생님이십니다. 그러니까 이렇게 위대한 기적을 이룬 것입니다!"라고 예수님을 칭찬하고 있는 것입니다.

그가 자신의 내면을 숨긴 채 예수님을 칭찬했을 때, 예수님께서는 아주 놀라운 말씀을 선포하십니다. "예수께서 대답하여 가라사대 진실로 진실로 네게 이르노니 사람이 거듭나지 아니하면 하나님 나라를 볼 수 없느니라"(요 3:3). 예수님께서는 자신을 칭찬하는 니고데모를 향해 거듭나야 하나님 나라를 볼 수 있다고 경고하십니다. 거듭나지 않고서는 하나님 나라를 볼 수 없다는 엄중한 경고였습니다.

예수님께서는 사실 제자들과 민중들에게 많은 격려의 말씀을 해 주셨습니다. 아주 심각한 죄가 아닌 이상 웬만하면 용서하시고 격려해 주셨습니다. 심지어 간음한 여인 앞에서도 예수님께서는 여인을 정죄하기 전에 그 여인의 가능성을 보셨습니다. 그리고 그에게 돌팔매질을 하는 군중들을 향하여 "죄 없는 자가 먼저 돌로 치라" 하시면서 여인을 끝까지 보호하셨습니다. 그리고 죄에서 벗어나 새로운 인생길을 살도록 여인을 격려해 주셨습니다.

한 아버지가 있었습니다. 하루는 아들이 성적표를 가져왔습니다. 수우미양가 중에서 딱 하나만 '양'이고 모두 '가'였습니다. 얼마나 한심했겠습니까? 한참 성적표를 보던 아버지는 이렇게 말했습니다. "아들아, 너무 한 과목만 집중해서 공부하지 말거라."

아버지는 "이 놈의 자식! 이것도 성적표라고 가져왔냐!"라고 얼마든지 야단칠 수 있었지만 그렇게 하지 않고 오히려 격려해 준 것입니다. 여러분도 웬만하면 격려하십시오. 예수님도 웬만하면 격려하셨습니다.

그런데 오늘 본문에서는 예수님께서 당대의 최고 권력가요 지식인인 니고데모에게 경고를 하고 계십니다. "거듭나지 아니하면 하나님 나라를 볼 수 없느니라."라고 경고하십니다. 단도직입적으로 본론을 말씀하고 계십니다. 다른 말로 표현하면 이렇게 말할 수 있겠지요. "쓸데없는 내 칭찬은 그만 두시오.

당신이 이 야심한 밤에 나를 찾아온 것은 바로 당신의 영혼의 문제, 영혼의 갈등을 해결하기 위해서 찾아온 것이 아니요? 당신의 진정한 문제는 권세도 아니고, 출세도 아니고, 승진도 아니고, 자금의 문제도 아니고, 바로 영혼의 문제요. 반드시 거듭나야 하나님 나라를 볼 수 있고 하나님 나라를 향하여 들어갈 수 있소."

니고데모는 이 예수님의 말씀을 이해하지 못하고 다시 묻습니다. "예수님, 지금 제 나이가 오십인데 어떻게 어머니 몸속에 다시 들어갔다 나옵니까?"

'거듭난다'는 표현을 육적으로만 이해했기 때문에 그는 동문서답을 하고 있는 것입니다. 그렇다면 예수님께서 한 인격을 향하여 거듭나야 한다고 간절히 경고했을 때, 과연 그 의미는 무엇일까요? 우리가 어떻게 하면 거듭나서 새로운 인생을 살아갈 수 있을까요?

놋뱀의 표징

예수님께서는 니고데모에게 이 말씀을 하시면서 한 가지 예증을 말씀하십니다. 본문 14절에서 "모세가 광야에서 뱀을 든 것같이 인자도 들려야 하리니 이는 저를 믿는 자마다 영생을 얻게 하려 하심이니라"고 말씀하셨습니다. 구약 시대 모세는 노예 된 이스라엘 백성들을 이끌고 출애굽해서 광야의 불모지를 걷기 시작했습니다. 하나님께서는 매일 아침마다 이 불모지에 만나를 공급해 주심으로 살길을 열어 주셨습니다. 한낮의 작열하는 태양 볕 아래서는 거대한 구름기둥을 세워 주심으로 시원하게 걷게 해 주셨습니다. 한밤중에 싸늘하게 대지가 식으면 불기둥을 일으키셔서 편안한 잠자리를 제공해 주셨습니다. 그런데도 이스라엘 백성들에게는 불평이 있었습니다(민 11:5-6, 민 21:4-5).

"하나님, 애굽에 살 때는 고기도 마음대로 먹었고, 일은 많이 했지만 마늘과 부추를 얼마든지 먹을 수 있었습니다. 그런데 지금은 왜 날마다 우리가 먹고 싶은 고기를 먹을 수 없고 만나만 먹어야 합니까?" 그들은 또 물이 없다고 불평하며 이렇게 말했습니다. "하나님, 우리가 왜 이 갈증 속에서 행군을 계속해야 됩니까?" 하나님을 향해서 끝없는 원망과 불평과 분노가 터져 나왔습니다. 이때 하나님께서는 이스라엘 백성들을 향하여 불뱀을 보내십니다. 불뱀은 불평하는 자들의 입과 눈을 물었습니다. 불뱀에 물린 자들은 서서히 죽어가기 시작했습니다. 그러자 백성들은 두려움에 떨며 다시 모여서 하나님께 간절히 진언합니다.

"주님, 우리가 잘못했습니다. 우리가 원망과 불평의 죄를 지었습니다. 주님, 그러니 제발 우리의 죄를 용서해주시고 이 불뱀들을 제거해 주시고 죽어가는 백성들을 살려주시옵소서."

하나님께 간절히 부르짖어 기도했습니다. 그때 하나님께서 모세에게 명하십니다. "놋으로 뱀을 만들어라. 장대를 높이 걸고 뱀을 그 위에 걸쳐두어라. 아파하고 고통하고 죽어가는 백성들이 이 놋뱀을 보게 되면 반드시 낫게 되리라."

그리고 죽어가는 많은 영혼들이 이 장대에 걸린 놋뱀을 보는 순간 씻은 듯이 낫게 되었습니다(민 21:9).

영생을 얻게 하려 하심이라

예수님께서는 이 예증을 말씀하시면서 "이는 저를 믿는 자마다 영생을 얻게 하려 하심이라"(요 3:15)고 선포하셨습니다. 그렇습니다. 우리 예수님께서는 하나님의 아들이셨습니다. 예수님께서는 우리가 지은 모든 죄를 아시고 십자가에 달리심으로 그 죄를 담당하셨습니다. 우리와 똑같은 육신의 몸을 입으시고 채찍을 맞으시며 모욕과 침 뱉음을 당하셨습니다. 그리고 십자가에서 피 흘려 죽으셨습니다. 마치 놋뱀이 장대 위에 걸렸듯이 십자가 위에서 피 흘려 죽으신 예수 그리스도를 바라볼 때 우리는 영생을 얻게 되는 것입니다.

예수 그리스도를 바라볼 때 우리 인생에는 놀라운 변화가 생깁니다. 내 안에 거듭남의 역사가 시작됩니다. 기독교의 출발점은 바로 여기에 있습니다. 우리가 '예수 그리스도는 나의 모든 죄과를 용서해 주셨고 나를 위해서 이 땅에 오사 나의 구세주가 되셨다. 이제 예수님이 내 인생의 주인이시다. 지금부터 나를 다스리는 분은 바로 예수님이시다'라는 신앙고백을 하면서 예수님을 바라볼 때 우리의 내면에 혁명적인 변화가 옵니다. 그것은 완전한 정권교체가 내 심령 안에 일어나는 것입니다.

여러분, 정권이 바뀌면 반드시 엄청난 변화가 오게 됩니다. 한 국가의 정권이 바뀌어도 얼마나 많은 변화가 옵니까? 과거 진보 정권에서 보수 정권으로 바뀌었을 때도 국가기관의 수장들이 줄줄이 바뀌었습니다. 새로운 정권이 들어서면 그 이념에 따라서 국가 상층부도 새롭게 정비됩니다.

> 예수 그리스도를 바라볼 때 우리의 내면에는 정권교체가 일어난다. 과거에는 내가 내 인생의 주인이 되어 살았지만 이제는 예수님이 통치하신다.

여러분은 중생하셨습니까? 거듭나셨습니까? 거듭나셨다면 반드시 바뀌어야 할 것이 있습니다. 내 심령 안에 정권이 교체되는 것입니다. 대한민국에서 대통령 선거가 끝나고 개표가 완료되면 정권이 교체되기도 전에 전 세계 국가 지도자들이 대한민국이 앞으로 어떤 방향으로 나아갈 것을 압니다. 마찬가지로 내가 예수님을 구주로 영접하면 나의 사랑하는 가족들이, 나의 사랑하는 이웃들이, 세상 모두가 내 인생의 주인이 바뀌었음을 알게 됩니다. 우리는 회색 지대를 살아가는 인생이 되어서는 안 됩니다. 과거에는 내가 내 인생의 주인이 되어 살았지만 이제는 예수님이 내 인생의 주인이 되셔서 나를 통치하십니다. 예수님께서 말할 수 없는 평화를 내 안에 허락해 주십니다.

예수님이 주인 된 인생

최일도 목사님이 얼마 전에 우리 교회에서 설교하시면서 했던 말씀이 아직도 잊혀지지 않습니다. 청량리에 있는 가난하고 못사는 사람들을 위해서 전 삶을 바쳤을 때의 이야기였습니다. 그가 창녀촌의 여인들에게 복음을 전하고 그들이 복음으로 인해 변화되기 시작하자 놀랍게도 포주들이 이 모습을 가장 싫어했다고 합니다. 포주들에게는 사창가의 여인들이 바로 돈인데, 어느 날 갑자기 최일도라는 청년이 와서 사람들을 변화시키기 시작하니까 문제가 생긴 것입니다. 여인들이 변하면서 이 직업을 떠나기 시작한 것입니다. 그런데 어느 날 포주들이 매수한 깡패들이 목사님을 찾아와 폭행을 가했습니다. 결국 목사님은 피투성이가 된 채 병원에 실려 갔고 그 일로 경찰에서 조사를 하는 바람에 그 깡패들은 모두 폭행상해죄에 걸려들게 되었습니다. 경찰은 목사님에게 고소장에 사인을 하라고 요청했습니다. 그런데 목사님은 이렇게 말했다고 합니다.

"저는 그들을 고소할 수 없습니다."

"아니, 당신 지금 무슨 말을 하는 거요? 그렇게 두들겨 맞고 고소를 않겠다니! 이놈들 나쁜 놈들이니까 사인만 해요!"

"저는 사인하지 않겠습니다."

"젠장! 왜 자꾸 예수가 믿어지려고 하지? 죽겠네. 그거 참, 자꾸 예수가 믿어지려고 하네. 이봐 당신, 빨리 사인해요! 이 나쁜 놈들 그냥 놔 둘 수는 없잖아."

"저는 사인하지 않겠습니다."

그는 끝까지 사인하지 않았다고 합니다. 왜 그랬을까요? 그를 다스리는 주인이 바뀌었기 때문입니다. 이제 나를 지배하는 것은 미움이 아닙니다. 나를 지배하는 것은 인간적인 내가 아닙니다. 나를 위해서 십자가에 피 흘려 죽기까지 희생하신 사랑의 주님, 예수 그리스도가 내 인생의 주인이 되었기 때문에 그는 원수를 사랑하는 놀라운 은혜를 알게 된 것입니다.

1973년 봄, 저는 인생에 대해 회의가 들기 시작했습니다. 공부를 하고, 취직을 하고, 결혼을 하는 일들이 과연 무슨 의미가 있는지 회의가 들었습니다. 그렇게 인생에 대해 의문을 가지기 시작할 때 저는 한 선배의 손에 이끌려 성경공부를 하기 시작했습니다.

창세기를 공부하면서 과거 오랜 세월 동안 교회생활을 통해서 전해 들었던 하나님, 그러나 나와는 아무 연관이 없던 그 하나님을 만나게 되었습니다. 하나님께서 "내가 너를 창조했다"고 말씀해 주셨습니다. 저는 요한복음을 공부하면서 "예수님께서 나를 위해 십자가에 피 흘려 죽기까지 하셨다" "영원토록 솟아나는 샘물이 되리라" "거듭나라"와 같은 말씀 앞에 무릎을 꿇었습니다. 예수님을 구주로 영접하고 나자 세상이 달라 보였습니다. 대학 교정에 피어있는 그저 그렇게 지겹게만 느껴지던 노란 개나리들이 나를 환영하며 축하하는 영광스러운 합창단의 모습으로 보였습니다. 제가 다녔던 대학은 108계단을 올라가야 수업을 들을 수 있었습니다. 과거에는 지겨운 108 계단이었습니다. 그런데 예수님을 만나고 나니 그 계단 올라가는 것이 너무나 쉽고 수월했습니다. 나를 환영하는 개나리! 예수 십자가의 은혜를 증거하기 위해 사랑하는 동료들을 향해 올라가는 108 계단! 세상이 바뀐 것입니까? 제가 바뀐 것입니까? 세상은 하나도 바뀌지 않았습니다. 지금도 봄이 되면 그곳에 개나리가 핍니다. 108 계단도 그대로 있습니다. 누가 바뀐 것입니까? 제 안에 정권 교체가 일어난 것입니다.

예수님을 만나 중생하면 주인이 바뀝니다. 이제는 예수님이 우리 인생의 주인이 되어 세상이 줄 수 없는 기쁨과 영광으로 살아가게 되는 것입니다.

거듭남의 비밀

또한 예수님께서는 이 거듭남의 비밀을 설명하시면서 "진실로 진실로 네게 이르노니 사람이 물과 성령으로 나지 아니하면 하나님 나라에 들어갈 수 없느니라"(요 3:5)고 하셨습니다. 물은 무엇을 의미합니까? 아무리 먼지가 낀 더러운 자동차라도 물로 세차를 하면 깨끗해집니다. 광부가 탄광에서 일하고 나와서 온몸을 검은 재로 뒤집어쓰고 있더라도 깨끗한 물로 샤워를 하면 깨끗해집니다. 물과 성령으로 거듭났다는 것은 내가 지금까지 살아왔던 모든 죄과를 씻어내는 것입니다. 예수 십자가의 보혈로 모두 깨끗이 씻어내는 것입니다.

> 중생한 그리스도인은 내 힘을 의지해서 살지 않는다. 성령 충만하여 성령의 다스림을 받는다.

그런데 문제는 우리가 옛 죄를 청산하고 미래를 향해 나아가기 위해서는 우리의 노력만으로는 부족하다는 것입니다. 우리가 아무리 하나님 앞에서 예수님을 믿기로 결심하고, 옛 죄를 청산하려고 열심히 노력해도 그것만으로는 부족합니다. 여러분들도 연초가 되면 많은 결심들을 하시지요? 올해는 어떤 결심을 하셨습니까? 저도 대학 때 담배를 끊어보려고 열 번도 더 결심을 했었습니다. 그런데 예수를 믿어도 안 끊어지더군요. 그래서 담배를 피면서도 전도했습니다. 그런데 누군가 제게 이렇게 말했습니다. "당신이나 제대로 믿으시오." 그때 저는 제 힘으로는 아무것도 할 수 없다는 사실을 명백히 깨달았습니다. 성령이 역사하셔야 담배도 끊고 전도도 할 수 있다는 사실을 깨닫게 되었습니다.

그리고 그때부터 내 스스로 결심해서 할 수 없던 것들을 성령의 은혜로 한 가지 한 가지 해결해가기 시작했습니다. 여러분, 담배가 그리 무서운 죄는 아니지만, 하여튼 담배 하나 끊는 것도 우리의 결심으로 되는 것이 아니지 않습니까? 우리 모두는 우리가 아무리 결심하고 아무리 추구해도 우리 힘으로 할 수 없는 세계가 있다는 것을 압니다. 그렇기 때문에 우리가 중생한 그리스도인이라면 내 힘을 의지해 살지 않습니다. 성령으로 변화되어야 합니다.

성령으로 충만해서 내가 나를 다스리는 것이 아니고 하나님의 영, 위대하신 하나님의 영이신 성령께서 내 안에 임재하사 나를 다스리십니다. 성령 하나님이 내 안에 충만히 거하실 때, 내가 할 수 없는 그것을 성령께서 이루어 주십니다. 그러므로 중생은 단지 내 노력으로 이룰 수 있는 세계가 아닙니다. 중생은 내가 대학 교수이고, 고급 공무원이고, 예술가이고, 한 분야에서 큰 업적을 이룬 사람이라 해서 이룰 수 있는 세계가 아닙니다. 아무것도 가진 것이 없고, 세상적인 눈으로 볼 때 보잘것없는 인생이라 할지라도 예수 그리스도 앞에 나아가서 "주님, 저는 정말 주밖에 바라볼 수 없는 연약한 죄인입니다. 저를 불쌍히 여겨 주시고 저를 십자가의 보혈로 녹여주시고 받아 주시옵소서"라고 고백할 때 성령의 다스림이 시작됩니다. 마음을 비우고 예수님을 주인으로 모실 때, 완전한 정권교체가 이루어짐과 동시에 성령의 위대한 다스림의 역사가 시작되는 것입니다.

성령의 능력

바울 사도가 에베소 지역을 순방할 때 제자들을 만납니다. 하나님의 제자들이었습니다. 성경을 알고 있는 유식한 제자들이었습니다. 그런데 그들에겐 뭔가 부족한 것이 있었습니다. 바울 사도는 저들에게 무엇이 부족한지 곰곰이 살펴 보다가 질문합니다. "여러분들은 성령을 받으셨습니까?" 그런데 놀랍게도 그들은 이렇게 답변합니다. "아닙니다. 우리는 성령이 있음을 들어보지도 못했습니다." 그때 바울 사도가 이 제자들을 앞혀놓고 안수하고 기도하기 시작했습니다. 그때 성령이 임했고 그들은 근본적으로 변화되어 성령 충만한 삶을 살기 시작했습니다.

여러분들도 혹시 교회만 왔다 갔다 하고 있지는 않습니까? 단지 종교적인 생활을 하고 계신 것은 아닙니까? 그저 좋은 말씀 듣고 인격개선하고 수양하는데 도움이 된다 해서 교회 다니시는 것은 아닙니까? 그것만 가지고는 안 됩니다. 우리는 고백해야 합니다.

"주님, 저는 죄인입니다. 저는 부패한 자입니다. 그래서 제겐 근본적인 변화가 필요합니다. 성령 안에서 제 안에 변화를 주시옵소서."

바울 사도는 고린도후서 5장 17절에서 선포하기를 "누구든지 그리스도 안에 있으면 새로운 피조물이라 이전 것은 지나갔으니 보라 새 것이 되었도다"라고 했습니다. 완전한 새로운 인생으로 내가 바뀐 것입니다.

여러분, 폭풍우 한가운데 서 있을 때 우리는 이 폭풍우 바람이 어느 곳에서부터 출발해서 어느 곳을 향해서 나아가는지 그 방향을 정확히 알 수 없습니다. 하지만 분명히 아는 것이 있습니다. 폭풍우가 불고 있다는 사실입니다. 마찬가지입니다. 우리가 예수 십자가를 통해서 중생을 경험할 때 우리는 이 중생이 어떻게 시작돼서 어떻게 흘러가는지 때로 모를 수가 있습니다. 그러나 분명히 아는 것이 있습니다. 내가 변화되었다는 사실입니다. 내 인생의 주인이 내가 아니고 예수님이 되었다는 사실입니다. 내 안에 성령 하나님이 임재하고 있다는 사실입니다.

성령의 역사

예일대 역사학 교수였던 램즈 멘블런 박사는 로마 제국을 연구 하는데 평생을 바친 사람입니다. 그는 로마 제국의 출발과 멸망의 과정을 누구보다도 소상하게 알고 있었습니다. 그런데 무려 20여 년 동안 그의 마음에 해결되지 않는 질문이 하나 있었습니다. 그것은 이 거대한 로마 제국이 A.D. 300년경 기독교 국가로 갑자기 바뀐 일입니다. 어떻게 이 일이 가능했는지 그는 의문을 품었습니다.

로마 제국은 무수한 잡신들을 가지고 있던 제국이었습니다. 이태리 반도와 그리스 반도에는 무수한 신들이 존재하고 있었습니다. 제우스, 주피터 기타 등등. 무수한 여신들도 있었습니다. 이 신들은 단지 권세만 가지고 있었을 뿐만 아니라 인간처럼 약점과 죄도 있었습니다. 신들이 결혼해서 아들도 낳고, 또 신들이 누구를 사모해서 쫓아가기도 하고, 배신도 당하고, 인간 사회에서 이루어지는 모든 일들이 신들의 사회에서도 전개되었습니다. 또 신들은 복수심이 굉장히 강했습니다. 복수하는 신들을 달래기 위해서 거의 로마 제국 전역에 걸쳐 신들을 위한 제사가 행해졌습니다. 이 제사를 위해 수많은 동물들이 죽었다는 기록이 남아있습니다.

그런데 어떻게 A.D. 300년경 이 거대한 신들의 나라인 로마 제국이 이 잡신들을 제거하고 유일신 여호와가 통치하는 나라로 바뀔 수 있었을까요? 렘즈 멤블런 박사에게는 이 문제가 무려 20여 년 동안 해결되지 않는 의문이었습니다. 그런데 어느 날 공문서를 연구하다가 그는 놀라운 사실을 발견합니다.

당시에는 예수를 믿다가 발각되면 화형을 당하거나 쫓겨다니며 정상적인 사회생활을 할 수 없었습니다. 그래서 많은 기독교인들이 지하에 카타콤을 파고 그곳에서 숨어 생활했습니다. 비좁은 이 지하 토굴에서 무려 300만, 500만 명에 이르는 기독교인들이 모여 신앙생활을 했다고 합니다. 그런데 이렇게 핍박 받던 그들에게 놀라운 권세가 있었습니다. 그것은 바로 귀신을 쫓아내는 권세였습니다. 또한 신도들을 핍박하는 권세 잡은 자들을 두려워하지 않는 힘이 기독교인들에게 있었습니다. 그래서 기독교인들이 권세 잡은 자들을 향해 저항하고 외치면, 오히려 그 권세 잡은 자들이 힘이 빠지고 기독교인들에게 굴복하기도 했습니다. 귀신들렸던 자가 회복되는 강력한 일들이 벌어졌습니다. 그러자 고위 공직자 중에서도 예수를 믿는 사람들이 나타나기 시작했습니다. 그러면서 로마 제국의 잡신들은 순식간에 무너져 내립니다. 로마 제국 전체가 기독교로 바뀐 것입니다. 이것은 단지 2000년 전 그리고 1700년 전에 일어났던 일이 아닙니다. 바로 내 심령 안에, 여러분의 심령 안에, 여러분의 현존하는 기억 속에서, 여러분의 가정에서 오늘도 이루어지는 일입니다. 성령께서 내 영혼을 거듭나게 하십니다. 성령께서 나의 사랑하는 가족들을 중생시켜 주십니다.

성령 충만할 때 또 한번 내 삶에는 큰 변화가 일어납니다. 불평 불만이 가득 찼던 마음에 감사와 감격이 넘칩니다. 송곳같이 비난하며 살았던 인생이 칭찬과 격려를 하기 시작합니다. 성령 충만을 경험할 때 우리는 이웃을 위하여 위대한 복음을 증거하는 능력을 덧입게 된다는 사실을 기억하십시오.

내 인생의 정권교체
Power Point

1. 영혼의 갈증

하나님께서 인간을 창조하실 때, 그 마음 중심부에 하나님 한 분만으로 메울 수 있는 영혼의 동공을 만들어 두셨습니다. 인간은 하나님을 만나지 않고서는 결코 그 갈증을 채울 수 없습니다. 유명한 성 어거스틴은 이런 기록을 남기고 있습니다. "하나님, 저는 하나님을 만나기 전까지 세상의 그 어느 곳에서도 영혼의 안식을 누릴 수 없었습니다."

2. 구원

예수님께서는 하나님의 아들이셨지만 우리를 구원하시기 위해 이 땅에 오셨습니다. 우리를 위해서 채찍을 받고 모욕과 침 뱉음을 당하셨습니다. 그리고 십자가에서 피 흘려 죽으셨습니다. 마치 놋뱀이 장대 위에 걸렸듯이 십자가에서 피 흘려 죽으신 예수 그리스도를 바라볼 때 우리는 영생을 얻게 됩니다.

3. 중생과 성령

예수 십자가를 통해서 중생을 경험할 때, 우리는 이 중생이 어떻게 시작돼서 어디로 흘러가는지 모릅니다. 그러나 분명히 아는 것이 있습니다. 내가 변화되었다는 사실입니다. 내 인생의 주인이 내가 아니고 예수님이라는 사실입니다. 내 안에 성령 하나님이 임재하고 있다는 사실을 알 수 있습니다.

What is the gospel?

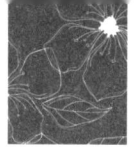

3. 생수의 강

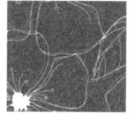

 거기 또 야곱의 우물이 있더라 예수께서 행로에 곤하여 우물 곁에 그대로 앉으시니 때가 제 육시쯤 되었더라 사마리아 여자 하나가 물을 길러 왔으매 예수께서 물을 좀 달라 하시니 이는 제자들이 먹을 것을 사러 동네에 들어갔음이러라 사마리아 여자가 가로되 당신은 유대인으로서 어찌하여 사마리아 여자 나에게 물을 달라 하나이까 하니 이는 유대인이 사마리아인과 상종치 아니함이러라 예수께서 대답하여 가라사대 네가 만일 하나님의 선물과 또 네게 물좀 달라 하는 이가 누구인줄 알았더면 네가 그에게 구하였을 것이요 그가 생수를 네게 주었으리라 여자가 가

로되 주여 물 길을 그릇도 없고 이 우물은 깊은데 어디서 이 생수를 얻겠삽나이까 우리 조상 야곱이 이 우물을 우리에게 주었고 또 여기서 자기와 자기 아들들과 짐승이 다 먹었으니 당신이 야곱보다 더 크니이까 예수께서 대답하여 가라사대 이 물을 먹는 자마다 다시 목마르려니와 내가 주는 물을 먹는 자는 영원히 목마르지 아니하리니 나의 주는 물은 그 속에서 영생하도록 솟아나는 샘물이 되리라 여자가 가로되 주여 이런 물을 내게 주사 목마르지도 않고 또 여기 물 길러 오지도 않게 하옵소서 가라사대 가서 네 남편을 불러 오라 여자가 대답하여 가로되 나는 남편이 없나이다 예수께서 가라사대 네가 남편이 없다 하는 말이 옳도다 네가 남편 다섯이 있었으나 지금 있는 자는 네 남편이 아니니 네 말이 참되도다 여자가 가로되 주여 내가 보니 선지자로소이다 우리 조상들은 이 산에서 예배하였는데 당신들의 말은 예배할 곳이 예루살렘에 있다 하더이다 예수께서 가라사대 여자여 내 말을 믿으라 이 산에서도 말고 예루살렘에서도 말고 너희가 아버지께 예배할 때가 이르리라 너희는 알지 못하는 것을 예배하고 우리는 아는 것을 예배하노니 이는 구원이 유대인에게서 남이니라 아버지께 참으로 예배하는 자들은 신령과 진정으로 예배할 때가 오나니 곧 이때라 아버지께서는 이렇게 자기에게 예

배하는 자들을 찾으시느니라 하나님은 영이시니 예배하는 자가 신령과 진정으로 예배할찌니라 (요 4:6-24)

두 종류의 사람

교회에 새신자 두 명이 왔다고 가정해 보십시오.

한 명은 한국의 유명한 명문가 출신입니다. 미국 하버드 대학에서 박사학위를 받았습니다. S대 총장을 20년 역임하였습니다. 정부에서 국무총리로 봉직하다가 유명한 법무법인 대표 변호사로 상당 기간 일했습니다. 또한 현직 4선 국회의원입니다. 그런데 그 사람이 오늘 예수님을 믿겠다고 이렇게 왔습니다.

다른 한 명은 혼혈아 출신 여인입니다. 이분은 10여 년간 접대부 생활을 했습니다. 한때 물 좋은 강남에서 왕 마담으로 불렸던 인물입니다. 그가 살던 동네에서는 화냥년이라고 손가락질 받았습니다. 이 사람이 오늘 교회에 나왔습니다.

이렇게 두 사람이 교회에 와서 등록카드를 냈다면 여러분은 누구를 주목하시겠습니까? 누구에게 눈길을 멈추시겠습니까?

한 신학생이 기말 시험을 치르게 되었습니다. 여러분, 우리가 세상에 살다가 하나님의 부름을 받고 신학교에 간다고 해서 갑자기 IQ가 90에서 150으로 올라갈까요? 그렇지 않습니다. 이 신학생은 시험지를 받아 펼쳐 본 순간 눈앞이 캄캄했습니다. 그래서 그는 기도를 했습니다.

"주님, 제가 주의 부름을 받고 가는데 전도를 많이 하다보니 공부를 하지 못했습니다. 도무지 안보입니다. 그러니 지혜를 주시옵소서." 하나님이 지혜를 주셨습니다. 신학생은 백지 하단에 큰 글씨로 이렇게 썼습니다. '교수님, 하나님은 모든 정답을 아십니다. 그리고 본인은 그 하나님의 정답에 전적으로 동의합니다.' 기말 성적표가 나왔는데 이렇게 쓰여 있었습니다. '자네가 믿는 하나님은 100점, 자네는 0점.'

예배당을 나서는 순간부터 세상은 우리에게 인생의 점수를 매깁니다. '니고데모 유형- 100점짜리 인생, 사마리아 여인- 0점짜리 인생.' 니고데모는 당대에 가장 학식 있고 권세 있는 사람이었습니다. 그러나 예수님께서는 이 니고데모의 인생도 소중하게 생각하셨지만 사마리아 여인도 결코 소홀히 여기지 않으셨습니다.

예수님을 만난 사마리아 여인

예수님께서는 행로에 몹시 피곤했습니다. 예수님께서 사마리아 수가성에 이르렀을 때 한 우물가에서 태양 볕을 받으며 물을 길러 나온 여인을 만나십니다. 예수님께서는 여인에게 먼저 말을 건넸습니다. "물을 좀 달라"(요 4:7). 여인이 예수님을 보았을 때 예수님은 범상한 인물이 아니었습니다. 이분은 유대인 중의 유대인이었습니다. 그리고 하나님의 아들로서의 위엄이 있었으니 여인은 압도를 당한 듯 했습니다. 여인은 이렇게 말합니다. "당신은 유대인으로서 어찌하여 사마리아 여자 나에게 물을 달라 하나이까"(요 4:9). 이 말은 여인이 속한 사회적 상황까지 말해주고 있습니다.

B.C. 722년 이스라엘이 앗수르에 의해서 멸망당했을 때 앗수르는 많은 앗수르 민족과 이방 종족들을 사마리아로 이주시켰습니다. 그리고 혼인정책을 통해서 이 사마리아에 사는 유대인들을 잡종인간으로 만들어 버렸습니다. 이것은 혈통의 문제만이 아니었습니다. 그들이 신봉하는 여호와의 종교를 혼혈종교, 혼합종교로 바꾸어 버린 것입니다. 그 이후 정통파 유대인들은 이 사마리아인들을 인간 취급하지 않았습니다. 같은

민족으로 인정하지 않고 그들과 교통하지도 않고 대화하지도 않으며 마치 개·돼지와 같이 취급했습니다. 지금 이 우물가의 여인은 이러한 모든 사회적인 고통을 자신의 인생 속에 고스란히 갖고 있었습니다.

여인의 고통

첫째, 이 여인은 혼혈인의 아픔을 가지고 있었고 멸시받는 인생의 고통을 안고 있었습니다. 두 번째로 이 여인은 남존여비의 사회적 환경 속에서 그 시대의 의사결정 과정에서 공적이든 개인적이든 소외된 인간이었습니다. 유대인들은 하와가 아담을 유혹해서 타락시켰다 해서 여성의 인권을 인정하지 않았습니다. 수를 셀 때도 여자들은 제외한 채 남자들만 세었습니다.

우리 민족의 역사 속에도 남존여비 사상이 전혀 없지는 않았지만 늘 그랬던 것은 아닙니다. 조선시대 숙종 임금은 굉장한 애처가였다고 합니다. 부인을 굉장히 사랑했고 부인의 뜻을 존중해 주었습니다. 이런 일화가 있습니다. 어느 날 숙종이 전국 8도에 명을 내렸습니다. 가장 사나이다운 사나이를 뽑아 천거하라는 명이었습니다. 그래서 100명의 사나이들이 대궐로 몰려들었습니다. 그때 숙종이 말했습니다.

"여러분들 중에서 부인의 말을 존중하고 부인의 뜻을 소중하게 아는 자들은 모두 오른쪽으로 가서 앉으시오." 그랬더니 100명 중에서 99명이 오른쪽에 가서 앉았습니다. 그러자 남은 한 명을 향해 숙종이 굉장히 진노하면서 이렇게 말했습니다. "그대는 어찌하여 부인을 공경하지 아니하는가? 그러면서 사나이라고 말할 수 있겠는가!" 그랬더니 그가 이렇게 대답했습니다. "임금님이시여! 제가 마침 짐을 꾸려 나오는데 우리 마누라가 사람 많은 쪽으로 절대로 서지 말라고 했나이다."

조선 시대에는 왕이 죽으면 왕후가 섭정을 하곤 했습니다. 왕후가 정치 일선의 전면에 나서서 영의정을 독대하고 좌의정과 우의정을 만나고 그 시대 정승판서들의 진언을 받으면서 아들이 임금으로서 국정을 이끌어 갈 수 있는 판단이 설 때까지 여인천하를 이루었던 것이 한국의 역사입니다.

그러나 유대 사회는 달랐습니다. 유대인 남성들은 밤마다 이렇게 기도했다고 합니다. "하나님 제가 이방인이 아닌 것을 감사하오며, 노예로 태어나지 않은 것을 감사하오며, 여자로 태어나지 않음을 진실로 감사하나이다." 사마리아 여인은 바로 이런 사회 분위기 속에서 살아가고 있었습니다.

예수님께서는 이 여인에게 남편을 불러오라고 하셨습니다. 그리고 "네가 남편 다섯이 있었으나 지금 있는 자도 네 남편이 아니니"(요 4:18)라고 하셨습니다. 지금 있는 여섯 번째 남성도 남편이 아니라고 하니 이 여인에게 얼마나 많은 사연이 있었겠습니까?

"저는 제 인생을 정말 행복하게 해 줄 남성을 찾고 찾았습니다. 그런데 어느 날 나를 사랑한다고 하는 남성이 나타났습니다. 이 사람이야말로 정말 내 인생 전체를 맡길 만한 소중한 사람이라고 생각해서 내 모든 것을 맡겼습니다. 우리 사랑은 영원할 것 같았습니다. 그런데 언젠가부터 남편이 폭력을 행사하기 시작했습니다. 술주정꾼이 되어 저를 학대했고 결국 저는 버림받게 되었습니다. 그래서 누군가 새로운 남성이 나타나서 내 인생을 죽음의 이 질곡에서, 어두움의 질곡에서, 고통의 질곡에서 이끌어 줄 수 있을까 기도하는 중에 새로운 남성이 나타났습니다. 그렇게 만나고 헤어지면서 나도 모르게 만신창이가 되었고, 제 인생은 허물어져 갔습니다."

유대인들은 본래 지극히 윤리적이고 율법적인 민족이었습니다. 율법적인 사회에서 이러한 여인이 설 공간은 없습니다.

생수의 강, 예수님

사마리아 여인이 머리에 물동이를 이고 우물가에 나왔을 때는 태양이 작열하는 정오 시간이었습니다. 태양이 작열하는 사막 지대에서는 낮에 물동이를 이고 다니지 않습니다. 새벽 서늘할 때나 해가 졌을 때 동네 아낙들이 함께 나와서 빨래도 하고 물을 긷는 법인데, 이 여인은 사람들의 따가운 시선 때문에 결코 동네 여인들과 함께할 수 없었습니다.

그런데 예수님은 이 여인을 어떻게 대하셨습니까? 여인에게 명령하지도 않으셨고, 여인을 하대하지도 않으셨습니다. 예수님께서는 이 여인에게 놀라운 약속을 하셨습니다. 본문 13-14절에 "이 물을 먹는 자마다 다시 목마르려니와 내가 주는 물을 먹는 자는 영원히 목마르지 아니하리니 나의 주는 물은 그 속에서 영생하도록 솟아나는 샘물이 되리라"고 하셨습니다.

이 땅의 물을 마시는 우리는 반드시 다시 목마를 수밖에 없습니다. 우리가 육신으로 먹는 물이 다시 우리를 목마르게 하듯이 우리가 이 땅에서 갈구하는 그 모든 것들은 반드시 다시 우리를 목마르게 만들 것입니다. 물질이나 권력, 그리고 우리가 추구하는 행복의 어떤 요소도 우리를 만족케 할 수 없습니다.

> 이 세상의 모든 것은 우리를 다시 목마르게 한다. 예수님이 주시는 생수로만 우리의 영혼은 완전히 해갈된다.

그러나 우리가 예수님을 인격적으로 만나고, 예수님의 십자가를 통해서 죄 사함을 받고, 성령 충만을 경험할 때 모든 영혼의 갈증은 완전히 해소됩니다.

그렇기 때문에 요한복음 7장 38절에서 "나를 믿는 자는 성경에 이름과 같이 그 배에서 생수의 강이 흘러나리라"고 말씀하셨습니다. 사마리아 여인을 만나주신 예수 그리스도는 우리 한 영혼 한 영혼도 만나 주십니다. 우리의 형편에 관계없이, 우리의 과거를 묻지 않고, 내가 어떤 삶을 살았던지, 내가 어떤 죄인이든지 나를 인격적으로 대우하시며 내 인생에 위대한 생수의 강으로 임재하십니다.

그러나 예수님께서 우리에게 물으시는 것이 있습니다. 바로 "네 남편을 데려오라"고 요구하십니다. 이것은 무엇을 의미합니까? 우리가 영생의 축복을 누리고 생명수를 마시기 위해서는 반드시 십자가를 통해서 죄 사함을 받아야 한다는 의미입니다. 예수님은 곧 하나님이십니다. 그분이 왜 이 땅에 오셨습니까? 하늘 보좌를 버리고 우리와 똑같은 육신을 입으시고 우리 죄를 위하여 십자가에 달려 돌아가셨습니다. 죄 때문에 하나님과 우리 사이가 가로막혔기 때문에 그 관계를 회복시키기 위해 예수님께서 이 땅에 오신 것입니다. 이를 믿는 자는 죄 사함을 받는 영광을 누리게 될 것이며 심령 안에 샘솟는 영생의 기쁨을 누리게 될 것입니다.

1980년도에 서초구청에서 한 가지 중요한 프로젝트를 진행하고 있었습니다. 당시 서초구청 관내에는 나이트클럽과 술집이 즐비해서 접대부가 많았습니다. 서초구청장은 이러한 상황을 직시하고 특별 프로젝트로 직업여성 재활훈련을 시작했습니다. 낮에 직업여성들을 모아놓고 유명 강사를 모셔서 강의를 듣게 하고 자수, 미용, 바느질, 미싱 등 실용적인 기술들을 가르쳐 주었습니다. 직업여성들이 윤락업에서 손을 떼고 떳떳하게 직업을 가지고 살 수 있도록 3개월·6개월 과정의 교육을 시켜주었습니다. 이렇게 교육을 끝내고 여성들에게 직업까지 알선해 주었습니다.

1년이 지나고 그들이 어떻게 생활하고 있는지 다시 재점검을 해 보았습니다. 그런데 그들 중 대부분이 다시 술집으로 돌아가 있었습니다. 그 통계를 본 구청장은 특명을 내렸습니다.

"우리의 직업 교육은 실패했습니다. 과거 직업여성이었으나 그 생활을 청산하고 갱생한 사람들을 찾아 보십시오. 유명한 강사, 박사로는 아무래도 안 되겠습니다. 자기 삶을 정돈해서 변화된 삶을 사는 사람을 강사로 세우는 것이 좋겠습니다."

이렇게 해서 결국 세 사람을 찾았습니다. 그리고 직업여성들과 구청장, 구청 직원들이 모두 앉아 그 사람들의 이야기를 들었습니다. 그런데 놀랍게도 세 사람의 간증에는 일맥상통하는 것이 있었습니다.

"저는 과거에 여러분과 똑같이 술과 담배에 절어 살던 사람입니다. 저는 한때 이름만 대면 알만한 왕 마담이었습니다. 그런데 어느 날 누군가의 소개로 예수님을 만나게 되었고, 예수님의 사랑을 알게 되었습니다. 그리고 하나님께 매달려 기도했을 때 하나님께서는 저의 과거를 온전히 청산하게 해 주셨습니다. 그리고 새로운 남편을 만나게 하셨고, 이제 과거는 온데간데없고 완전히 새로운 삶을 만족스럽게 살고 있습니다. 이제는 예수님이 제 인생의 주인이시고 제 인생의 구세주이십니다."

세 명이 똑같이 이러한 간증을 했습니다. 이날 모임에서는 간증하는 사람도 울고 간증을 듣는 사람도 울고, 모두 눈물바다를 이루었습니다.

여러분, 예수님은 능력이십니다. 예수님은 생수의 강이십니다. 영원토록 솟아나는 샘물 그 자체이십니다. 그렇기 때문에 우리가 예수님께 나아가 과거의 모든 죄를 고백하고 새로운 삶을 살겠다고 말씀드리면 그분이 내 안에 임하십니다. 그분이 나의 모든 죄과를 용서해 주십니다. 내가 변화시킬 수 없는 나의 인생을 우리 주님께서 온전히 변화시켜 주십니다.

탐욕의 감옥

토마스 커스튼Thomas B.Costain이라는 역사학자가 벨기에 왕조의 흥망성쇠를 다룬 책을 썼는데 그 중에 『세 명의 에드워드』(The Three Edwards)라는 책이 있습니다. 세 명의 왕자 중 큰 아들 레이놀드 왕자는 '카슈스'라는 별명을 가지고 있었습니다.

카슈스는 '뚱뚱보'라는 의미입니다.

부왕이 죽고 서열 1위인 레이놀드 왕자가 왕위에 오르려고 했는데 둘째 왕자인 에드워드가 구데타를 일으키며 형을 감옥에 넣고 자신이 왕이 되었습니다. 동생 에드워드는 왕의 권한으로 형을 감옥에서 만났습니다. 형이 통사정을 하며 동생에게 부탁을 하자 동생인 왕이 이렇게 말했습니다.

"형님, 저는 절대로 형님을 죽이지 않을 것입니다. 그리고 형님, 형님도 왕이 될 수 있습니다. 제가 약속할게요. 단 한 가지 조건이 있습니다. 제가 좋은 집을 지어드리고 그곳에서 살 수 있도록 해 드릴게요. 그리고 형님이 스스로 창문을 열고 나올 수 있으면 그때 제가 왕위를 형님께 양도하겠습니다."

정말로 그는 형에게 멋진 집을 지어주었습니다. 그리고 창문을 작게 만들어 주었습니다. 그리고 형님을 감시하는 간수장에게 이렇게 명했습니다. "내게 주는 음식보다 10배 실한 음식, 산해진미를 형님께 넣어 주어라. 24시간 간식을 대령해 주어라." 그래서 간수장은 세끼 꼬박꼬박 산해진미를 공급했고, 풍성하게 간식을 공급했습니다.

형은 이 감옥 같은 데서 나올 수 있었을까요? 여러분 자신을 보면 그 답을 알 수 있습니다. 스스로 절제심이 있다고 생각하십니까? 절대 자신을 믿지 마십시오. 우리는 유혹에 약한 존재입니다. 결국 형 레이놀드는 끝내 감옥에서 나올 수 없었습니다. 10년 동안 감옥에 갇혀 지내다가, 동생 에드워드 왕이 전쟁터에서 전사했을 때 그는 자유의 몸이 됐지만 결국 왕이 되지는 못했습니다. 왜냐하면 그는 감옥에서 나오자마자 비만 증세로 세상을 떠났기 때문입니다.

탐식이라는 감옥이 레이놀드 왕자를 평생 불행하게 만들었듯이 사실 우리 안에 있는 탐욕, 우리 안에 있는 정욕, 우리 안에 있는 죄과가 평생 우리를 포로로 사로잡을 수 있다는 사실을 기억할 필요가 있습니다.

정욕의 죄

사마리아 여인의 본질적인 죄는 사랑이라는 이름으로 포장된 정욕의 죄였습니다. 정욕은 어떤 죄입니까? 이는 현실도피적인 죄입니다.

현실을 살아가면서 스트레스가 많고 긴장이 쌓이다 보면 우리도 도피하고 싶은 유혹이 생깁니다. 그래서 새로운 방법으로 삶의 활력소를 얻기 위해 정욕이라는 죄 속으로 발을 들여놓게 됩니다.

사무엘하를 보면 유명한 다윗 왕의 일화가 나옵니다. 사무엘하 11장 1절은 이렇게 시작하고 있습니다. "해가 돌아와서 왕들의 출전할 때가 되매 다윗이 요압과 그 신복과 온 이스라엘 군대를 보내니 저희가 암몬 자손을 멸하고 랍바를 에워쌌고 다윗은 예루살렘에 그대로 있으니라."

전쟁이 벌어졌습니다. 치열한 전투였습니다. 그때 그는 부하 중에서 가장 전쟁에 능한 장수 요압 장군을 앞세워 전투에 내보냈습니다. 그런데 그때 다윗은 무엇을 하고 있었습니까? 2절은 이렇게 표현하고 있습니다. "저녁 때에 다윗이 그 침상에서 일어나 왕궁 지붕 위에서 거닐다가 그곳에서 보니 한 여인이 목욕을 하는데 심히 아름다워 보이는지라." 다윗이 언제 일어났다고 기록되어 있습니까? 저녁에 침상에서 일어났다고 합니다. 즉 낮에 하루 종일 낮잠을 잔 셈입니다. 그가 잠잘 때 그의 사랑하는 부하들은 전쟁터에서 죽어가고 있었습니다. 그런데 왕은 저녁에 일어나서 왕궁 지붕에 올라가 거닐고 있었습니다. 볼거리를 찾은 것입니다.

전쟁이라는 무서운 현실로부터 다윗은 도피하고 있었습니다. 그러다 그는 결국 전쟁터에서 싸우는 위대한 장수, 우리아 장수의 부인 밧세바를 탐했고 자기의 충직스러운 신하를 배신하는 죄를 짓고 맙니다.

또한 정욕은 인간을 인격으로 보지 않고 도구로 보게 하기 때문에 무서운 죄입니다. 다윗의 정욕은 단지 다윗의 죄일 뿐만 아니라 밧세바의 죄이기도 했습니다. 밧세바는 임금님이 저녁에 한가할 때 어디를 거니는가를 정확하게 알고 있었습니다. 그가 거닐 때 어느 곳을 바라보는지도 알았습니다. 그래서 그는 창문을 활짝 열어놓고 불을 밝히고 목욕을 하고 있었습니다.

여성으로서 단장하고 우아한 매력을 갖는 것은 굉장히 중요합니다. 그러나 명심하십시오. 내가 단장하는 매력이 결코 아름다움을 뛰어넘어서 유혹이 되어서는 안 됩니다.

정욕이 죄가 되는 또 다른 이유는 정욕에 한 번 발을 들여 놓으면 다시는 회복될 수 없는 값비싼 대가를 치르게 된다는 점에서 그렇습니다. 다윗은 어떤 대가를 치렀습니까? 자신의 간음죄를 덮기 위해서 충직한 부하 우리아를 죽여야 했습니다.

> 정욕은 인간을 인격으로 보지 않고 도구로 보게 하며, 돌이킬 수 없는 치명적인 대가를 치루게 한다.

그의 사랑하는 아들, 밧세바로부터 낳은 아들이 7일 만에 죽어야 했습니다. 또한 다윗의 가문에 피가 끊이지 않게 되었습니다. 아들 암논이 다말을 간음하면서 압살롬에 의해 죽임을 당하고, 아들 압살롬이 반역하여 다윗은 도피자의 신세가 됩니다.

이렇게 정욕의 죄는 무섭습니다. 따라서 우리는 이 땅에서 건강한 삶을 살기 위해 "하나님, 이 정욕의 죄에서 저를 온전히 벗어나게 해 주세요"라고 기도할 필요가 있습니다.

죄에서 벗어나는 방법

그렇다면 어떻게 이 정욕의 죄에서 벗어날 수 있습니까? 예수님은 이 여인을 향해서 단지 아름다운 미사여구를 말씀하신 것이 아닙니다. 영생수를 주겠다고 약속만 한 것이 아닙니다. 영원히 목마르지 않는 생명수를 주겠다고 약속만 하신 것이 아닙니다. "네 남편을 불러오라." 이 여인의 죄의 중심부를 찌르셨습니다.

우리도 예수님의 십자가 앞에서 우리의 죄를 고백하고 드러내도록 요청받습니다. 그리고 새로운 인생을 살 것을 요구받습니다. 다윗은 자신의 범죄를 알고 돌이켰을 때 베갯잇을 적시면서 눈물로 회개를 했습니다. 시편 51편에 보면 "하나님이여 주의 인자를 좇아 나를 긍휼히 여기시며 주의 많은 자비를 좇아 내 죄과를 도말하소서 나의 죄악을 말갛게 씻기시며 나의 죄를 깨끗이 제하소서 대저 나는 내 죄과를 아오니 내 죄가 항상 내 앞에 있나이다 내가 주께만 범죄하여 주의 목전에 악을 행하였사오니 주께서 말씀하실 때에 의로우시다 하고 판단하실 때에 순전하시다 하리이다…우슬초로 나를 정결케 하소서 내가 정하리이다 나를 씻기소서 내가 눈보다 희리이다"라고 했습니다. 그는 밤마다 눈물로 침상을 적시며 하나님의 은혜에 의지해서 자신의 생애를 회개했습니다.

돌이키십시오. "주님, 이 죄에서 완전히 돌이키기를 원합니다. 이 죄를 극복할 수 있는 성령의 권세와 능력을 허락하여 주시옵소서"라고 기도하십시오.

영혼을 사랑하라

또한 우리가 회개했으면 하나님께서 사랑하라고 보내주신

영혼들을 진실로 사랑해야 합니다. 나의 아내를 사랑할 것이며, 나의 자녀들을 사랑할 것이며, 나의 사랑하는 교우들을 그리스도 안에서 사랑해야 합니다. 우리의 삶은 한 번 가면 다시 오지 않습니다.

여러분의 사랑하는 자녀가 7살일 때 충분히 사랑하십시오. 10살일 때 충분히 사랑하십시오. 왜냐하면 7살, 10살은 다시 돌아오지 않기 때문입니다. 그들에게 말할 수 없이 소중한 사랑의 박물관을 만들어 주십시오.

또한 회개했다면 여기서 멈추어서는 안 됩니다. 하나님의 위대한 나라를 향해서 하나님의 거룩한 사역에 몸과 마음을 바쳐야 합니다. 성가대원이라면 열심히 찬양을 준비하십시오. 최선을 다해서 충성하면 하나님께서 반드시 하나님의 영광을 드러내는 값진 인생으로 사용하실 것입니다.

예수님은 추상적인 존재가 아닙니다. 예수님은 살아계시며, 교회가 바로 그리스도의 몸입니다. 우리가 어떻게 그리스도를 섬길 수 있겠습니까? 그리스도의 몸인 교회를 위해 헌신할 때 그 거룩한 사역에 쓰임 받을 때 우리는 바로 그리스도를 섬기는 것입니다.

복음의 능력

예수님은 이 땅의 상처받은 모든 영혼들, 많은 영혼들을 치유하시는 치유자이십니다. 이 땅의 장벽들을 무너뜨리는 전능하신 권세자이십니다.

영국의 유명한 정치가였던 윌리엄 윌버포스(William Wilberforce)는 영국이 전 세계를 경영하던 19세기에 하나님의 은혜를 경험하고 노예 해방을 위해 노력했던 사람입니다. 당시 영국에는 수많은 노예 무역상들이 있었습니다. 그래서 그는 정치계에 뛰어들었습니다. 왜냐하면 이것은 정치가만이 해결할 수 있는 문제였기 때문이었습니다. 그는 평생 노예 무역 불법화 법안을 상정했습니다. 그리고 마지막 눈을 감을 때 그 법안이 통과되었다는 사실을 듣게 됩니다. 이 법안이 통과되면서 전 세계 영국령에 속하는 모든 지역에서 노예 무역은 불법화 되었습니다.

인간의 악한 제도를 예수 그리스도의 생명이 근절시킨 것입니다. 하나님의 사람, 링컨도 예수 그리스도의 복음을 알았던 인물이었습니다. 그 역시 아메리카에 횡행하는 노예 제도를 철폐시키기 위해 최선을 다했습니다. 그가 남북전쟁을 승리로 이끌면서 미국 땅에는 노예 제도가 사라지고 인간평등의 길이 열렸습니다.

예수님은 능력이십니다. 예수님은 영생수이십니다. 예수님은 구세주이십니다. 우리가 왜 잃어버린 영혼들을 향해서 전도해야 됩니까? 나에게 영생수이신 주님께서 이 땅에 잃어버린 영혼들을 향해서도 영생수인 것을 확신하기 때문입니다. 우리가 왜 우리 교회 운영하기도 바쁜데 전 세계 수많은 선교사들을 지원하고 도와야 합니까? 내 영혼의 구세주이신 주님께서 이방 민족들에게도 구세주이신 것을 믿기 때문입니다.

우리가 왜 이 시대의 젊은이들을 향해서 복음을 전하고 그 전도자들을 지원해야 합니까? 젊은 시절 주님을 만나고 그 인생이 변화되는 것이 너무도 소중하기 때문입니다. 저들에게 진정한 영생수가 필요하기 때문에 우리는 이 땅의 잃어버린 영혼들을 위하여 선교하는 것입니다.

전도서 기자는 이렇게 말합니다. "만물의 피곤함을 사람이 말로 다 할 수 없나니 눈은 보아도 족함이 없고 귀는 들어도 차지 아니하는도다"(전 1:8). 하나님께서 여러분에게 주신 소중한 시간의 자원, 소중한 정신의 자원, 소중한 물질의 자원을 어디에 사용하시겠습니까? 전 세계 각 곳을 다 돌아다닌다한들 5센티미터도 안 되는 내 눈이 만족할 수 있을 것 같습니까? 절대로 만족할 수 없습니다.

우리 한인들이 전 세계에 흩어져 살고 있기 때문에 저도 여기저기서 부름을 받고 안 가본 곳이 없을 만큼 많이 다녀봤습니다. 리오데자네이로, 카라카스, 미국의 대도시들, 브라질의 상파울로 등등… 수없이 많이 다녀봤지만 다 별거 없습니다. 세상의 그 무엇도 5센티미터도 안 되는 눈을 만족시켜 주지 못합니다.

여러분, 귀로 아무리 좋은 음악을 들어보세요. 여러분의 영혼을 만족시켜줍니까? 물론 듣는 것은 중요합니다. 그러나 100만 원짜리 음향기기로 듣다가 조금 있으면 1000만 원짜리는 되어야 만족되지 않습니까? 그러나 그것도 잠시, 1억짜리, 아니 3억짜리로 바꾼다한들 만족이 있겠습니까? 눈은 보아도 만족함이 없고 귀는 들어도 차지 않는다고 했습니다.

세상의 명예, 세상의 권세, 세상의 재물, 세상의 쾌락이 우리의 영혼을 결코 만족시키지 못합니다. 오직 유일하신 구세주, 예수 그리스도 그분만이 우리를 만족시킵니다. 우리가 그분을 만나고 그분을 섬길 때, 그분 안에서 죄 사함을 받고 그분 안에서 영생을 누릴 때, 우리는 인생의 진정한 만족을 맛보게 되는 것입니다.

어느 날 성 어거스틴이 성경을 묵상하다 잠이 들었습니다. 꿈속에서 주의 사자가 나타나서 질문했습니다. "어거스틴! 그대는 과연 무엇을 원하는가? 내가 다 주겠노라." 어거스틴이 꿈에서 답변합니다. "주님, 저는 아무것도 원하는 것이 없습니다. 오직 주님뿐입니다."

생수의 강
Power Point

1. 예수님을 만난 사마리아 여인
예수님은 세상에서 멸시받는 사마리아 여인에게 다가오셔서 영원한 생수를 주겠다고 말씀하셨습니다. "가라사대 이 물을 먹는 자마다 다시 목마르려니와 내가 주는 물을 먹는 자는 영원히 목마르지 아니하리니 나의 주는 물은 그 속에서 영생하도록 솟아나는 샘물이 되리라."

2. 생수의 강, 예수님
예수님은 능력이십니다. 예수님은 생수의 강이십니다. 영원토록 솟아나는 샘물 그 자체이십니다. 그렇기 때문에 우리가 예수님께 나아가서 나의 과거의 죄과를 온전히 고백하고 새로운 삶을 살겠다고 말씀드리면 그분이 내 안에 임하십니다. 그분이 나의 모든 죄과를 용서해 주십니다. 내가 변화시킬 수 없는 나의 인생을 우리 주님께서 온전히 변화시켜 주십니다.

3. 영생이 주는 기쁨
세상의 명예, 세상의 권세, 세상의 재물, 세상의 쾌락이 여러분의 영혼을 결코 만족시키지 못합니다. 오직 유일하신 구세주, 예수 그리스도! 우리가 그분을 만나고 그분을 섬길 때 그분 안에서 죄 사함을 받고 그분 안에서 영생을 누릴 때 우리는 인생의 진정한 만족을 맛보게 됩니다.

What is the gospel?

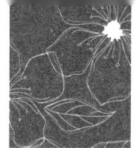

4. 새로운 삶을 향하여

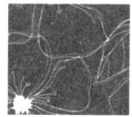

　예수께서 여리고로 들어 지나가시더라 삭개오라 이름하는 자가 있으니 세리장이요 또한 부자라 저가 예수께서 어떠한 사람인가 하여 보고자 하되 키가 작고 사람이 많아 할수 없어 앞으로 달려가 보기 위하여 뽕나무에 올라가니 이는 예수께서 그리로 지나가시게 됨이러라 예수께서 그곳에 이르사 우러러 보시고 이르시되 삭개오야 속히 내려오라 내가 오늘 네 집에 유하여야 하겠다 하시니 급히 내려와 즐거워하며 영접하거늘 뭇사람이 보고 수군거려 가로되 저가 죄인의 집에 유하러 들어갔도다 하더라 삭개오가 서서 주께 여짜오되 주여 보시옵소서 내 소유의 절반

을 가난한 자들에게 주겠사오며 만일 뉘 것을 토색한 일이 있으면 사배나 갚겠나이다 예수께서 이르시되 오늘 구원이 이 집에 이르렀으니 이 사람도 아브라함의 자손임이로다 인자의 온 것은 잃어버린 자를 찾아 구원하려 함이니라 (눅 19:1-10)

성취하고 싶은 소망

새해가 되면 꼭 성취하고 싶은 소망들을 갖게 됩니다. 하지만 단지 소망을 기록하거나 간절히 바란다고 해서 그 소망이 이루어지는 것은 아닙니다. 사회학자인 커밍 워크는 이런 말을 남겼습니다. "현대사회에서 성공하려면 지능 지수가 높아야 하고 고도의 기술이 있어야 하며 풍부한 지식이 있어야 한다. 그러나 이보다 더 선행되어야 할 중요한 것은 열정적인 삶의 자세다." 간절히 이루어지기를 원하는 소망은 단지 결심하는 것만으로는 부족하다는 의미입니다. 연말이 되면 우리는 늘 실천하지 못한 많은 일들에 대해 후회합니다.

우리가 간절히 원하는 것을 이루기 위해서는 먼저 전능하신 하나님을 신뢰하고 하나님께 간절히 도움을 구하는 기도를 드리는 자세가 필요합니다. 그리고 인간전인 측면에서는 내 영혼 전부를 뒤흔들 만한 열정이 반드시 필요합니다.

1940년대 발명가로 유명했던 체스터 칼슨(Chester Carlson)이 어느 날 그 당시로서는 기가 막힌 기계를 하나 발명해 냈습니다. 전기 복사기였습니다. 획기적인 성능을 지닌 전기 복사기가 없던 그 당시에는 회의를 진행하기 위해서 다량의 문서를 만들려면 등사기로 밀거나 베껴야 했습니다. 이렇게 만들어진 문서는 매우 지저분했습니다. 그런데 이 전기 복사기는 똑같은 작품이 기가 막히게 깨끗하게 나왔습니다.

그러나 회사의 CEO들은 이렇게 훌륭한 복사기를 제품으로 만들어 내는데 모두 반대했습니다. 아무도 이 제품을 생산하고자 하지 않았습니다. 회사의 CEO들은 주로 비전을 제시하고 업무를 추진시키는 것에 관심이 있었기 때문에 직원들이 정작 업무상 당하는 어려움에는 별 관심이 없었던 것입니다. 회의할 때 문서를 베껴 쓰거나 등사하는 것이 하등 문제가 되지 않는다고 생각했던 것입니다. 그리고 이 복사기는 굉장히 복잡한 기계였기 때문에 생산 단가가 대단히 높았습니다.

하지만 체스터 칼슨은 확신이 있었습니다. 이 기계가 만들어지기만 하면 전 세계 모든 기업에 큰 도움이 될 것이라고 자신했습니다. 그렇게 되면 제품을 생산하는 단가도 많이 내려가리라 확신했던 것입니다. 그는 무려 7년 동안 무수한 CEO

들을 만났습니다. 하지만 단 한 사람도 그의 말에 귀를 기울여 주는 자가 없었습니다.

그러던 어느 날 그는 아주 작은 회사의 사장인 핼로이드(Haloid)라는 사람을 만나게 되었습니다. 그는 그 사장을 붙들고 열심히 설득하기 시작했습니다. "사장님, 이 전기 복사기는 기가 막힌 제품입니다. 일단 만들어지면 전 세계 모든 기업들이 쓰려고 할 겁니다." 그러면서 그는 제품의 장점과 사용 방법을 상세히 설명했습니다. 그러나 사장의 반응은 그리 신통치가 않았습니다. "사장님, 저는 7년 동안 밤낮없이 이 제품을 만들기 위해서 여러 사장님들을 만나왔습니다. 사장님, 한 번만 고려해 주십시오." 체스터 칼슨의 말을 그저 별 반응 없이 듣고 있던 핼로이드 사장은 갑자기 그의 마지막 말에 큰 감동을 받았습니다. 그는 이 제품이 얼마나 우수한지에 대해서는 별 관심이 가지 않았지만, 젊은이가 7년 동안 이 제품을 생산하기 위해서 무수한 CEO들을 만나왔다는 사실에 말할 수 없는 감동을 받은 것입니다.

"미스터 칼슨. 난 이 제품에 대해서는 별 확신이 서지 않소. 하지만 당신의 가슴속에 있는 그 열정 때문에 한 번 이 제품을 만들어 보고 싶소."

핼로이드 사장은 여기저기서 우수한 기술자들을 다 모아서 드디어 제품을 생산하기 시작했습니다. 그는 이 일로 미국에서 유명한 거부가 되었습니다.

우리의 삶 가운데에는 지식도 중요하고 지혜도 중요합니다. 그러나 그것이 열정을 능가할 수는 없습니다. 우리에게 열정이 있다면, 우리 안에 흔들 수 있는 깃발이 있다면, 하나님께서 지능도 주시고 지혜도 주실 것입니다.

예수님을 만난 삭개오

본문에는 한 열정의 사나이가 등장합니다. 그의 이름은 삭개오입니다. 그는 여리고 지역에서 유명한 세무서장이었습니다. 당시 세리들은 백성들의 고혈을 짜내어 절반은 자신들이 착복하고 절반은 지배제국인 로마에 바쳤습니다. 그러다 보니 그들은 백성들로부터 많은 원성을 사고 있었습니다. 그리고 삭개오는 바로 이 세리들을 이끌어 가는 세리장이었습니다.

어느 날 그는 예수님이 여리고 성에 오신다는 소식을 들었습니다. 여리고 성은 팔레스타인 지역에서도 가장 큰 3대 도시 중 하나였습니다. 여리고는 가버나움, 가이샤랴와 함께 이집

트에서 터키를 지나 유럽으로 갈 때 반드시 거쳐야 했던 교통의 요충지였습니다. 또한 이집트에서 바벨론 지역, 즉 오늘날의 이라크 지역으로 갈 때도 반드시 이곳을 거쳐야 했습니다. 따라서 이곳에 많은 상인들이 운집하였고, 세리들은 그들을 상대로 세금을 징수하여 많은 부를 축적할 수 있었습니다.

그런 세리였던 삭개오도 예수님에 대한 소문을 듣고 있었습니다. 예수님의 말씀은 생명력이 있어 그 말씀을 듣는 순간 많은 사람들이 변화되어, 자신의 죄를 고백하는 놀라운 일들이 일어난다는 소문이었습니다. 그분의 옷깃만 스쳐도 혈루병 앓던 여인이 낫고, 38년 동안 중풍으로 고생하던 병자가 벌떡 일어났으며, 죽었던 나사로가 살아났다는 소문도 들었습니다. 그런 터에 예수님이 여리고에 온다는 소식을 듣자 그는 예수님을 꼭 만나고 싶었습니다.

예수님께서 여리고 성에 당도했다는 소식을 듣자마자 그는 그곳을 향해 달려갔습니다. 그러나 키가 작은 삭개오는 사람들이 운집한 탓에 예수님을 잘 볼 수 없었습니다. "하나님, 길을 열어 주세요. 제가 예수님을 반드시 만나야 되겠습니다. 하나님께서 제 키를 작게 만드셨으니 예수님을 만날 수가 없잖아요." 탄식하면서 하늘을 올려다보는데 그의 눈에 큰 뽕나무가 보였습니다.

본래 '장'자 붙은 사람들은 걸음이 굉장히 점잖은 법입니다. 어디를 가나 교장 선생님들은 점잖게 걷지 않습니까? 어디를 가나 담임 목사님들은 좀 점잖게 천천히 걷습니다. 또 어디를 가나 기업체 사장님

> 우리가 살면서 가장 열망해야 하는 것이 무엇일까? 나를 위해 십자가에서 피 흘려 죽으신 예수님을 만나고자 하는 그 열정이 가장 중요할 것이다.

들은 점잖게 걷는 법입니다. 왜입니까? 많은 시선을 받고 있기 때문입니다. 사람들의 시선 앞에서는 점잖아지게 마련입니다. 그러니 이 세무 서장님도 얼마나 점잖은 분이었겠습니까? 그런데 예수님을 보겠다는 그의 끓어오르는 열정이 그로 하여금 뽕나무 위로 올라가게 만들었습니다. 그의 눈에 드디어 다가오는 예수님이 보입니다. 그는 예수님을 향해 정신없이 손을 흔듭니다. 환호성을 지릅니다. 그리고 예수님과 눈빛이 마주칩니다.

여러분, 우리가 살면서 가장 열망해야 하는 것이 무엇일까요? 나를 위해 십자가에서 피 흘려 죽으신 예수님을 만나고자 하는 그 열정이 가장 중요할 것입니다. 예수님께서도 예수님을 간

절히 만나길 원했던 삭개오의 심령을 보셨습니다. 그 눈빛을 보셨고, 그 심령을 보셨고, 그 열망을 보셨습니다. 예수님은 갑자기 방향을 선회하십니다. 그리고 뽕나무에 있는 삭개오에게 시선을 고정하시면서 말씀하십니다.

"삭개오야! 속히 내려오라 내가 오늘 네 집에 유하여야 하겠다"(눅 19:5).

우리가 예수님께 나아갈 때 예수님께서는 우리의 과거나 우리의 신분이나 우리의 죄과를 먼저 묻지 않으십니다. 예수님은 나 때문에 오해받으시는 것도 아랑곳하지 않으십니다.

직장에 다니시는 분들은 한 가지 주의해야 할 것이 있습니다. 회사에서 늘 불평불만이 많고 이 핑계 저 핑계 대며 자주 놀러 다녀서 상사의 눈 밖에 난 사람과는 함께 자주 점심식사하지 마십시오. 『회사가 알려주지 않는 비밀 50가지』라는 책에서 그렇게 충고하고 있습니다. 그런 사람과 같이 식사하는 횟수만큼 회사에서 잘릴 수 있는 확률이 높아진다고 합니다.

그런데 예수님에게 이런 문제가 발생한 것입니다. 고결하신 예수님께서 죄 많은 삭개오의 집에 들어간다면 어떻게 되겠습니까? 삭개오가 받는 비난을 예수님께서도 받게 되고, 삭개오를 죄인 취급하던 눈총을 예수님도 받게 되는 것입니다. 그러나 예수님께서는 전혀 개의치 않으셨습니다. 예수님은 삭개오의 영혼을 사랑하셨기 때문에 사람들의 평가에 상관하지 않으셨습니다.

인생의 이치를 깊이 묵상했던 유명한 철학자이자 로마의 황제였던 마르크스 아우렐리우스는 "갈대같이 흔들리는 대중의 평판 앞에 인생을 맡기지 말라"고 말했습니다. 그는 말하기를 이미 죽어서 뼈만 남은 공동묘지의 뼈들이 일어서서 당신을 욕한다 한들 그 욕이 무슨 의미가 있겠냐는 것입니다. 일시적인 판단에 흔들리지 말라는 충고입니다. 중요한 것은 영원하신 하나님께서 나를 어떻게 판단하는가입니다. 그것이 중요합니다.

예수님께서는 삭개오로 인해 받는 오해와 수치가 아무런 문제도 되지 않았습니다. 10절에 "인자의 온 것은 잃어버린 자를 찾아 구원하려 함이니라"고 했습니다. 예수님께서는 이렇게 분명한 목적이 있었기 때문에 어떤 비난이나 어려움에도 개의치 않으실 수 있었던 것입니다.

예수님의 말씀 앞에서 삭개오가 뜨거운 눈물의 결단을 내립니다. 여러분, 기독교는 교양강좌가 아닙니다. 예수 믿기 전에는 인격이 80점 정도 되었는데, 예수 믿고 나서 약 90점 정도 되는 그런 것이 아닙니다. 우리는 죄인이었습니다. 우리는 죽음의 상태에 있었습니다. 우리는 죽어 마땅한 존재였습니다. 우리는 도무지 영적인 소망이 없던 자들이었습니다. 그런데 예수님을 만나고 구원을 받아 전인격적으로 변하여 새로운 삶을 사는 것, 이것이 바로 기독교입니다. 삭개오도 예수님을 만났을 때 그의 삶 전체가 변합니다. 엄청난 결단을 하는 놀라운 변화의 역사가 나타납니다. "삭개오가 서서 주께 여짜오되 주여 보시옵소서 내 소유의 절반을 가난한 자들에게 주겠사오며 만일 뉘 것을 토색한 일이 있으면 사 배나 갚겠나이다"(눅 19:8).

여러분, 예수님을 만나면 이런 일이 일어납니다. 강도가 예수님을 만나 신사가 되는 것입니다. 술꾼이 예수님을 만나면 온전히 새로운 생애를 살아갈 수 있습니다. 평생을 도박에 빠져있던 인생도 예수님을 만나면 예수님을 증거하는 예수쟁이로 바뀝니다.

소유의식이 바뀐 삭개오

예수님을 만난 삭개오의 인생에 두 가지 변화가 나타났습니다. 첫 번째로 소유의식이 바뀌었습니다. 그는 자신의 재산 절반을 가난한 자들에게 주겠다고 했습니다. 예수님을 만난 순간 소유의식에 변화가 온 것입니다.

부자가 되려면 재물에 대한 집착이 강해야 합니다. 돈만 보면 다 내 것 같고 애착을 가져야 부자가 될 수 있습니다. 그렇다면 이 부자 삭개오에게 있어서 가장 소중한 것이 무엇이었을까요? 바로 돈이었습니다. 그런데 그가 재산의 절반을 포기하고 있습니다.

2006년 6월 25일, 전 세계 언론사는 급전을 타전하고 있었습니다. 갑자기 세계 2대 갑부였던 워렌 버핏 회장이 기자회견을 자처해서는 그가 가진 자산의 85%를 자선재단에 내 놓겠다고 발표한 것입니다. 금액이 무려 370억 달러, 한화로 계산하면 37조원 정도 되는 금액이었습니다.

그런데 더 놀라운 사실이 있습니다. 일반적으로 한국에서는 재벌들이 자선사업을 할 때 거의 100% 예외 없이 거치는 일정한 코스가 있습니다. 먼저 문화재단 혹은 자선재단을 설립

합니다. 그리고 영향력 있는 이사장을 임명한 후 자신이 설립한 재단에 세법상 충분히 혜택을 받을 수 있는 만큼의 금액을 출연(出捐)합니다. 내가 영향력을 미칠 수 있는 나의 재단에 출연하는 것입니다. 거의 예외 없이 한국의 50대 재벌들이 지난 50년 역사 속에서 행했던 일입니다. 그런데 놀랍게도 워렌 버핏은 자신이 전혀 영향력을 미칠 수 없는 빌 게이츠 재단에 370억 중에서 무려 310억 달러를 기부했습니다. 정말 멋지지 않습니까?

그런 일이 있기 6년 전, 빌 게이츠 또한 두 가지 결심을 했습니다. 첫째로 자신이 지금까지 이룩한 모든 재산을 세계에서 가장 고통 받는 빈민층과 의료혜택을 못 받는 계층들을 돕는 재단에 헌납하기로 결정합니다. 둘째로 자신의 인생 후반부는 돈을 버는 마이크로소프트사와 관련된 모든 직무에서 손을 떼고 오직 자선재단의 효율성을 위한 업무에 헌신하기로 결정합니다.

왜 그는 자신이 평생 일군 사업을 내려놓고, 자신이 평생 모은 재산을 자선단체에 쏟아 부었을까요? 왜 그것에 남은 인생을 투자하고자 했을까요? 무엇이 이런 결단을 가능하게 만드는 것일까요? 소유의식에 대한 변화가 없이는 절대로 불가능합니다.

나의 모든 소유는 나의 것이 아닙니다. 하나님의 것입니다. 뭐니 뭐니 해도 '머니'(Money)가 최고라고 생각하는 한 절대로 이 일은 이뤄지지 않습니다. 재산은 하나님께서 내게 주신 선물입니다. 주님께서 시간도 내게 주셨고 재능도 내게 주셨고 재물도 내게 주셨습니다. 따라서 이것은 모두 주님의 것입니다. 삭개오의 행동은 심령의 변화가 없이는 결코 행해질 수 없는 행동이었습니다.

> 예수님을 만나면 먼저 소유의식이 변한다. 나의 모든 소유는 하나님의 것이다.

삭개오는 지금까지 무엇을 위해서 살았습니까? 지금까지 나를 위해 살았습니다. 그의 삶에 있어서 최고가치는 바로 돈이었습니다. 지금까지는 돈을 위해서 살았습니다. 삭개오가 가진 세계관의 중심에 '돈'이 있었고 '내'가 있었습니다. 그런데 예수님을 만나자 그는 완전히 새로운 사람으로 변화되었습니다. 더 이상 내가 중요하지 않았습니다. 더 이상 돈이 중요하지 않았습니다. 예수님이 소중했고 하나님이 진실로 소중했습니다. 그는 예수님을 만나서 자신의 영혼을 되찾은 것입니다. 돈 속에 묻혀있던 영혼을 다시 캐내어 순결한 영혼으로 되돌려

받은 것입니다.

여러분, 예수님을 믿으려면 제대로 믿어야 합니다. 예수님을 액세서리로 믿지 마십시오. 아침에 일어나서 세안하고 머리 만지고 화장한 다음 오늘의 컨셉으로 십자가를 액세서리로 했습니까? 그리고 하루 종일 재미있게 사셨습니까? 그런데 저녁에 집에 들어오면 어떻습니까? 액세서리는 귀찮겠지요? 그러면 떼서 고이 보관하시겠지요. 우리 신앙도 이 액세서리처럼 필요하면 꺼내어 착용하고 필요 없으면 떼 내는 그런 것이 아닙니다. '신앙의 중심이신 예수 그리스도는 내 인생의 전부입니다. 나는 예수님을 위해서 살기로 작정했습니다. 나는 더 이상 돈의 지배를 받지 않습니다.' 이렇게 고백할 때 우리는 말할 수 없는 자유를 누리게 될 것입니다.

어떤 경우도 재물과 하나님의 나라를 맞바꾸지 마십시오. 예수님께서 "사람의 생명이 그 소유의 넉넉한데 있지 아니하니라"(눅 12:15)고 말씀하셨습니다. 기독교는 절대로 교양이 아닙니다. 기독교는 생명 그 자체입니다. 그러므로 우리가 예수님을 믿을 때 예수님은 내 인생의 필요를 돕는 분이 아니라, 내가 예수님을 위해서 사는 인생으로 바뀌어야 합니다. 그래야 예수의 능력, 예수의 생명, 예수의 권세가 내 안에 임하게 됩니다.

혁명적인 변화

삭개오가 예수님을 만난 후 경험한 두 번째 변화는 사람들을 바라보는 관점이었습니다. 예전에 그는 사람을 이용가치가 있는 도구로 보았습니다. 그런 그에게 혁명적인 변화가 일어났습니다. 예수님을 만나고 나니 모든 사람이 사랑의 대상으로 보이기 시작했습니다. 그는 만일 누구의 것을 토색한 일이 있거든 네 배로 갚겠다고 말합니다.

지금까지는 내가 중요하고, 재물이 중요해서 악착같이 움켜쥐고 모든 사람을 이용해서 재물을 늘리고자 했습니다. 사람들은 그저 착취의 대상이었습니다. 사람들은 나와 나의 재물을 위한 도구일 뿐이었습니다. 나 중심적인 삶을 살다 보면 모든 사람이 나 때문에 고통당하고 내 발 밑에 쓰러져 아파하고 고통하게 됩니다. 삭개오는 예전에는 이런 현상이 자

> 예수님을 만나면 사람을 바라보는 관점이 변한다. 사람은 더 이상 이용의 도구가 아니라 사랑의 대상이 된다.

신의 주변에서 나타나더라도 눈 하나 깜빡하지 않았습니다. '자기 발로 걸어 들어와 내게 밝혔으니 스스로 일어나겠지!' 라고 생각했습니다.

그런데 예수님을 만나고 그 생각이 바뀌었습니다. '아! 나 때문에 힘들어하는구나! 내가 네 배로 갚아 줘야겠구나.' 그는 이제 주위에 있는 사람들을 자신이 섬겨야 할 대상으로 보기 시작합니다. 사람들을 사랑하고 돌보고 섬겨야 될 대상으로 보기 시작한 것입니다.

삭개오라는 이름의 원어에는 '순결', '공의'라는 뜻이 있습니다. 그러니까 삭개오가 이 땅에 태어났을 때 그의 부모님들은 그가 죄를 범하지 않고 하나님의 공의대로 살아가는 삶을 살기를 간절히 바랐던 것입니다. 그런데 그는 이름값을 하지 못하는 인생을 살았습니다. 그는 순결을 버렸고 공의는 그의 삶에서 사라졌습니다. 그는 무수한 사람들을 착취했고 국가에 바쳐야 될 세금을 자기의 것으로 착복했습니다. 그런데 이렇게 죄에 물든 그의 영혼이 예수님을 만나는 순간 변화되었습니다. 예수님의 음성을 듣는 순간 미워했던 영혼이 사랑스럽게 보이기 시작했고 저주하고 싶었던 영혼을 그리스도의 사랑으로 사랑할 수 있게 되었습니다.

새로운 피조물

예수님을 만나면 우리는 반드시 물질의 세계에서 해방됩니다. 재물이 내 인생을 지배할 수 없습니다. 재물은 내가 다스려야 할 대상입니다. 모든 재물은 주님의 것임을 명심하십시오.

또한 예수님을 만나면, 우리는 사람으로부터 해방됩니다. 우리가 사람을 미워하면 저주의 포로가 되어 고통 속에서 살게 됩니다. 그러므로 "주님, 저를 괴롭히며 저주한 그 사람을 생각할 때 저는 견딜 수 없이 고통스럽습니다. 하지만 주님, 이제 제가 주님을 의지하오니, 사람을 미워하는 죄에서 저를 온전히 자유케하여 주시옵소서! 죄에서 온전히 자유할 수 있도록 도와주시옵소서"라고 간절히 기도해야 합니다.

> 예수님을 믿을 때, 우리는 과거와는 다른 새것, New Creation으로 완전히 바뀐다.

예수님을 만나서 전 인격적인 변화를 경험했던 바울 사도는 고린도후서 5장 15절에서 이렇게 말씀하고 있습니다. "저가 모든 사람을 대신하여 죽으심은 산 자들로 하여금 다시는 저희 자신을 위하여 살지 않고 오직 저희를 대신하여 죽었다가 다시 사신 자를 위하여 살게 하려 함이니라." 5장 17절은 이렇게 말씀합니다. "그런즉 누구든지 그리스도 안에 있으면 새로운 피조물이라 이전 것은 지나갔으니 보라 새것이 되었도다."

우리가 예수님을 믿고 십자가의 은혜를 덧입을 때, 그리고 그분을 구세주로 영접하고 그분을 위하여 살 때 나타나는 분명한 변화가 있습니다. 내가 새로운 피조물로 창조되는 것입니다. 전혀 과거와는 다른 새것, New Creation으로 완전히 바뀌는 것입니다. 당신은 그리스도 안에서 온전히 새로운 피조물이십니까? 예수 그리스도 그분이 내 삶의 전부라고 고백할 수 있습니까? 과거의 모든 죄를 십자가에 묻고 그리스도를 사랑하고 다른 영혼들을 사랑하기로 분명한 결단을 하셨습니까?

새로운 삶을 향하여
Power Point

1. 예수님을 만난 삭개오
삭개오는 예수님을 보겠다는 열정으로 뽕나무에 올라갔고, 이 중심을 보신 예수님께서는 그의 집에 머물겠다고 선포하십니다. 삭개오로 인해 예수님은 오해를 받을 수 있었지만, 예수님은 전혀 개의치 않으셨습니다. 예수님께서는 "인자의 온 것은 잃어버린 자를 찾아 구원하려 함이니라"는 분명한 목적이 있었기 때문입니다.

2. 삭개오의 변화
삭개오는 예수님을 만나고 먼저 소유의식이 변했습니다. 그는 자신의 재산 절반을 가난한 자들에게 주겠다고 고백합니다. 또한 사람들을 바라보는 관점이 변화합니다. 이전에는 사람들을 돈을 버는 도구로 이용했다면 이제는 그들을 사랑해야 할 대상으로 보게 됩니다.

3. 새로운 피조물
예수님을 만나면 반드시 물질의 세계에서 해방됩니다. 재물이 내 인생을 지배할 수 없습니다. 재물은 내가 다스려야 할 대상입니다. 모든 재물은 주님의 것입니다. 예수님을 믿고 십자가의 은혜를 덧입을 때, 우리는 새로운 피조물로 다시 태어납니다. 과거와는 전혀 다른 새것, New Creation으로 완전히 바뀝니다.

What is the gospel?

5. 회복된 신분

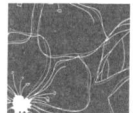

 그 둘째가 아비에게 말하되 아버지여 재산 중에서 내게 돌아올 분깃을 내게 주소서 하는지라 아비가 그 살림을 각각 나눠 주었더니 그 후 며칠이 못되어 둘째 아들이 재물을 다 모아가지고 먼 나라에 가 거기서 허랑방탕하여 그 재산을 허비하더니 다 없이한 후 그 나라에 크게 흉년이 들어 저가 비로소 궁핍한지라 가서 그 나라 백성 중 하나에게 붙여 사니 그가 저를 들로 보내어 돼지를 치게 하였는데 저가 돼지 먹는 쥐엄 열매로 배를 채우고자 하되 주는 자가 없는지라 이에 스스로 돌이켜 가로되 내 아버지에게는 양식이 풍족한 품군이 얼마나 많은고 나는 여기서 주

려 죽는구나 내가 일어나 아버지께 가서 이르기를 아버지여 내가 하늘과 아버지께 죄를 얻었사오니 지금부터는 아버지의 아들이라 일컬음을 감당치 못하겠나이다 나를 품군의 하나로 보소서 하리라 하고 이에 일어나서 아버지께로 돌아가니라 아직도 상거가 먼데 아버지가 저를 보고 측은히 여겨 달려가 목을 안고 입을 맞추니 아들이 가로되 아버지여 내가 하늘과 아버지께 죄를 얻었사오니 지금부터는 아버지의 아들이라 일컬음을 감당치 못하겠나이다 하나 아버지는 종들에게 이르되 제일 좋은 옷을 내어다가 입히고 손에 가락지를 끼우고 발에 신을 신기라 그리고 살진 송아지를 끌어다가 잡으라 우리가 먹고 즐기자 이 내 아들은 죽었다가 다시 살아났으며 내가 잃었다가 다시 얻었노라 하니 저희가 즐거워하더라 (눅 15:12-24)

시대의 패륜아

덕배라는 청년이 있었습니다. 그의 아버지가 어찌나 매질을 해대는지 그는 도저히 견디지 못하고 어느 날 울화가 치밀어서 순간 집을 나오고 말았습니다. 본문에도 가출한 한 아들이 등장하고 있습니다만 이 덕배라는 인물과 본문의 탕자는 질적으로 상당히 다릅니다. 덕배는 아버지의 체벌이 싫어서 가출을 했지만 탕자는 아버지의 시선을 떠나서 세상에서 마음대로 살고자 가출을 했습니다. 덕배는 단기로 우발적으로 가출을 했지만, 탕자는 장기적이고 계획적으로 아버지의 품을 떠났습니다. 덕배는 아버지의 재산에는 관심이 없었지만, 탕자는 아버지의 재산에서 자신의 분깃을 요구하여 떠났습니다. 죄질로 보면 덕배는 '순간판단 착오 죄'라고 표현한다면 탕자는 '악질적인 패륜아'라고 할 수 있을 것입니다.

유대인의 전통에서 아들은 아버지가 살아 계실 때는 재산의 분깃을 요구할 수 없었습니다. 왜냐하면 이전에 여호수아 장군이 가나안 땅을 모두 점령했을 때 하나님께서 각 지파별로 그 모든 땅을 나눠 주셨고, 또 각 남성을 중심으로 해서 가문별로 땅을 확정해서 나눠 주셨기 때문입니다. 한 가문에 배정된 땅은 자자손손 그 가문에 속하도록 하나님께서 만드셨고, 만약에 불가피한 사유로 땅을 팔았을 경우 50년이 지나면 다시 이유 여하를 막론하고 그 가문으로 귀속되도록 희년법을 만들어 두신 것입니다.

그런데 본문에 나타난 탕자는 아버지가 살아있는데도 불구하고 자신의 분깃을 요구했습니다. 우리의 옛 풍습에도 부모님이 살아 계실 때는 부모님께 물려받은 농토는 결코 팔지 않는 관습이 있지 않습니까? 그러나 탕자는 이 분깃을 받자마자 즉각 팔아서 멀리 떠났습니다. 그 당시에는 물려받은 유산을 파는 행위는 마치 가문을 팔아 버리는 것과 같은 효과가 있었습니다. 그런 점에서 본문에 등장하는 아들은 유대인의 관점에서 보면 패륜아라 말하지 않을 수 없습니다.

그는 아버지로부터 받은 모든 자금을 챙겨서 아버지의 시선이 미치지 않는 먼 나라로 갔습니다. 그곳에서 허랑방탕한 생활을 하면서 같은 종류의 친구들과 어울려 모든 재산을 탕진하게 되었습니다. 14절에 보면 모든 재산을 "다 없이" 했다고 했습니다. 그리고 그 땅에 크게 흉년이 들어, 탕자는 먹을 것이 없는 인생으로 전락하고 말았습니다.

처량한 탕자의 삶

요한 웨슬레는 돈에 대해 3가지를 강조했습니다. 첫째, 열심히 돈을 벌어라. 둘째, 열심히 번 돈을 열심히 증식시켜라. 셋째, 의미 있는 곳에 열심히 사용하라. 하나님의 백성들은 자녀를 교육할 때 재물의 가치와 의미에 대해서 바르게 교육할 필요가 있습니다. 그런데 탕자의 아버지는 사랑하는 아들이 스스로 돈을 벌 수 있는 기회를 제공하지 못했습니다. 또한 분깃을 나누어 주면서 그 분깃을 증식할 수 있는 기술도 가르치지 못했고, 그 재산을 의미 있게 이웃과 하나님을 위해서 사용하도록 가르치지도 못했습니다. 결국 아들은 허랑방탕한 거지가 되어 노예로 전락해 버리고 말았습니다. 도무지 먹을 것이 없자, 급기야 돼지가 먹는 쥐엄나무 열매를 주워 먹는 가련한 신세가 되고 말았습니다. 당시 유대인들에게 있어 돼지가 먹는 쥐엄나무 열매를 먹는다는 것은 굉장한 치욕이었습니다. 왜냐하면 하나님께서 유대인들에게 레위기 11장 7절에서 돼지고기를 먹지 말라 명하셨기 때문입니다. 당시 냉장고도 없던 시절에 돼지고기는 더운 날씨에 신속하게 부패할 수 있기 때문에 금했지 않나 싶습니다. 또한 그 시대는 과학도 발전되지 않았던 시대라 과도한 칼로리를 섭취하고 콜레스테롤이 높은 음식을 섭취하는 것을 금했던 것으로 생각됩니다. 어찌되었든 이 금지된 음식에 대해 사람들이 얼마나 혐오감을 갖고 있었겠습니까?

유대인들이 돼지에 대해 혐오감을 갖는 또 다른 이유는 역사적인 사건에 기인합니다. 예수님 탄생하기 약 170년 전 이스라엘 지역은 시리아가 통치하고 있었습니다. 안티오쿠스 4세는 이 지역을 점령한 후 예루살렘에서 시가전을 벌여 성전을 탈취했습니다. 그리고 그는 하나님의 임재를 상징하는 성전 안에 돼지를 죽여 그 머리를 잘라놓고 유대인들로 하여금 절을 하도록 강요했습니다. 그곳에서 끝까지 우상숭배를 하지 않겠다고 버틴 사람들은 모조리 잡아서 그 성전에서 죽였습니다. 성전은 결국 피바다가 되었고 유대인들은 더욱 이 돼지를 혐오하게 되었습니다.

세 번째로 유대인들은 돼지를 마귀로 생각했습니다. 그러니까 돼지를 볼 때는 마귀를 연상했고, 마귀를 연상할 때는 돼지의 모습을 떠올리는 것이 그들의 관습이었던 것입니다. 그러니 이 탕자가 돼지를 치는 신세로 전락했다는 것은 그의 삶이 얼마나 치욕적이었는지를 보여줍니다.

스스로 돌이킨 탕자

그런데 본문에서 놀라운 사실 하나를 발견하게 됩니다. 탕자는 재산이 많고 허랑방탕하게 다닐 때에는 자신의 모습을 잘 알지 못했습니다. 그런데 이 모든 것을 잃었을 때 17절에 보면 "스스로 돌이켰다"고 전하고 있습니다. 소유를 모두 잃고 가장 비극적인 순간에 그는 스스로 돌이켰습니다. 이 부분을 영어

성경에서 보면 "he came to himself"라고 표현하고 있습니다. 그가 자기 자신에게 돌아왔다는 의미입니다.

회개란 무엇입니까? 회개란 하나님 앞에서 내 영혼 안으로 돌아오는 것입니다. 하나님 앞에서 내 영혼을 도로 찾는 것입니다. 하나님 앞에서 나를 정직하고 진실하게 발견하는 것입니다. 우리가 언제 나를 상실합니까? 우리에게 큰 권력이 생겨 그 권력에 내 영혼을 맡길 때 나를 상실하게 됩니다. 내가 도무지 감당할 수 없는 재산이 생겨 그 재산에 내 영혼을 맡길 때 나 자신을 상실하게 됩니다.

> 회개는 하나님 앞에서 나를 정직하고 진실하게 발견하는 것이다.

제가 이 분당 죽전 지역에 들어온 지가 이제 10년이 훨씬 지났습니다. 이 지역에서 목회를 하면서 과거 이 지역이 개발되기 전에 이곳에 살던 토호들을 가끔 만나게 됩니다. 그런데 그분들의 얘기를 들으면 가슴이 아픕니다. 예전에 이곳에 살던 분들은 부유한 삶을 살지 못했습니다. 열심히 농사를 지으면서, 자신은 초근목피(草根木皮)로 연명하면서 자녀들을 교육시켰던 분들입니다. 그런데 이곳에 개발붐이 불면서 그분들이 갑자기 20억, 50억대의 부자가 되어버렸습니다. 단지 수지, 죽전, 분당 지역에 땅을 가지고 있었다는 이유만으로 갑자기 거부가 된 것입니다. 이곳에 살던 많은 사람들의 삶이 그렇게 변했습니다.

그런데 5년이 지나지 않아서 수많은 가정들이 깨지기 시작했습니다. 이전에는 단 돈 5000원이 아까워 찻집에도 가지 않던 사람들이 호텔을 출입하기 시작하고, 예전에는 막걸리 한 잔에 만족하던 사람들이 룸살롱을 드나들기 시작하면서 문제가 생긴 것입니다. 가장들이 바람을 피기 시작하면서 가정이 무너져 내리기 시작했습니다. 이것은 무엇을 말합니까? 갑자기 부자가 되면서 많은 사람들이 자신의 영혼을 돈에 팔아버린 것입니다.

탕자는 그 모든 재산을 다 허비한 후, 그때서야 비로소 재산에 팔았던 자신의 영혼을 다시 찾았습니다. 자기 자신 안으로 영혼을 다시 집어넣은 것입니다. 이것이 '**회개**'입니다. 회개란 내가 소유한 것에 팔아버렸던 영혼을 찾아서 내 자신 안으로 돌이키는 것입니다. 그러나 회개란 반드시 모든 것을 잃었을 때 할 수 있는 것은 아닙니다. 지금도 할 수 있습니다. 내게 주어진 모든 재산과 권력은 근본적으로 나의 것이 아닙니다. 이 모든 것은 하나님께서 일정 기간 동안 내 삶에 주신 선물일 뿐입니다. 모든 것은 하나님의 소유입니다.

그러나 이것을 깨닫기가 그리 쉽지 않습니다. 무언가를 소유하면 그것에 내 마음을 빼앗기는 것이 우리의 모습입니다. 그래서 탕자도 돈이 있을 때는 아버지께 돌아오지 못했고, 쾌락에 빠져있을 때는 자기 자신에게로 돌아오지 못했고, 돈을 뿌리면서 놀 수 있는 친구가 있을 때는 자기 안으로 돌아오지 못했고, 결국 모든 것이 사라졌을 때 이 비극적인 순간에 돌아오게 된 것입니다.

아버지께로 돌아온 탕자

탕자가 모든 것을 상실한 다음 깨달은 것이 하나 있습니다. 그것은 내 인생의 유일한 해결책은 아버지께로 돌아가는 것이라는 사실이었습니다.

"내 아버지에게는 양식이 풍족한 품꾼이 얼마나 많은고 나는 여기서 주려 죽는구나 내가 일어나 아버지께 가서 이르기를 아버지여 내가 하늘과 아버지께 죄를 얻었사오니 지금부터는 아버지의 아들이라 일컬음을 감당치 못하겠나이다 나를 품꾼의 하나로 보소서 하리라"(눅 15:17-19)하고 아버지를 기억하고 아버지의 품 안으로 돌이키기 시작한 것입니다.

이것이 회개입니다. 회개란 자기 자신을 발견하는 것입니다. 내 자신을 다른 어떤 것에 맡기지 않고 하나님 앞에서 내 자신을 발견하는 것입니다. 두 번째로, 나 자신을 발견할 뿐만 아니라 전능하신 하나님께로 내 영혼을 돌이키는 것입니다. 나를 사랑하시는 아버지, 나를 창조하신 하나님, 내 영혼을 진실로 사랑하시는 아버지 하나님께로 돌아가는 것입니다. 이것이 회개의 결단입니다.

만약 탕자가 아버지께로 돌아가겠다는 위대한 결단을 하기 전에, 그가 함께 삶을 나누었던 허랑방탕한 친구들과 협의했다면 어떻게 되었을까요? "얘들아, 이제 나는 굶어죽게 되었다. 나는 갈 곳이 없다. 너희들을 위해서 베풀 재산도 없다. 결국 나는 아버지께 돌아가서 품꾼이 되는 일밖에 할 것이 없다. 이제 갈 곳이 없구나"라고 말한다면 친구들이 뭐라고 말할까요?

"야, 돌아가야 아무 소용없어. 매 맞아 죽는다. 너의 아버지는 절대로 널 안 받아줄 거야. 평생 일구었던 조상 대대로 물려받은 재산 다 팔아치워 써버렸으니 내가 너의 아버지라도 너를 가만 놔두지는 않을 것이다. 돌아가 봐야 뼈도 못 추리고, 국물도 없어. 정신 차려!" 아마 이렇게 충고했을지도 모릅니다. 그런데 그는 아버지의 사랑을 확신했습니다. '돌아가면 나를 아들의 자격으로는 받아주지 못한다 할지라도 일꾼의 자격은 인정하실 거야.' 이 희망을 가지고 아버지께 돌아가고 있었습니다.

아들을 기다린 아버지

그렇다면 아버지는 어떻게 하고 계셨을까요? "이에 일어나서 아버지께로 돌아 가니라 아직도 상거가 먼데"(눅 15:20). 여기서 상거가 멀다는 것은 육안으로 확인할 수 없을 만큼 먼 거리라는 것을 의미합니다. 과거 우리나라에서 씨족 사회를 형성하고 있을 때는 동네 어귀에서 윗동네로 가는 길이 멀리 있는 경우가 많았습니다. 이런 마을에 살던 아버지는 출타한 자식이 돌아온다고 하면 동구 밖까지 나와 자식을 기다리곤 하지 않았습니까?

탕자의 아버지는 아들이 언제 귀향한다는 소식을 듣지 못했음에도 불구하고 늘 그 아들을 기다리고 있었습니다. 어느 순간 상거가 먼데도 불구하고 마치 점선처럼 움직이는 아들을 드디어 포착했습니다. 아버지는 달리기 시작합니다. 아버지는 알았습니다. 점같이 움직이는 모습을 보고서도 나의 아들인 것을 안 것입니다. 이것은 무엇을 말합니까? 아버지는 들판에서 일을 할 때도 아들이 오는 것을 기다렸고, 잠결에도 일어나서 아들이 혹시 오지 않나 동구 밖을 바라보고 있었고, 새벽에 일어나자마자 다시 동구 밖에 나가서 내 사랑하는 아들이 이제 오나 저제나 오나 기다리고 있었다는 사실을 보여주고 있습니다.

회복된 신분

아들을 만난 아버지는 그 아들을 어떻게 대우합니까? 그를 만났을 때 끌어안고 입을 맞춥니다. 아들은 "아버지여, 내가 하늘과 아버지께 죄를 얻어 이제는 아들의 자격이 없사오니 품꾼의 하나로 받아주시옵소서"라고 고개숙여 죄인의 자세로 아버지께 나아갔습니다. 이는 머슴의 자세였습니다. 아직 깊은 죄의식이 풀리지 않은 상황 가운데 아버지를 대면하고 있었습니다. 그런데 아버지는 이 아들을 어떻게 대우하고 있습니까? 이는 우리가 하나님께로 돌아갈 때 하나님께서 우리 영혼을 어떻게 대우하시는지를 보여주고 있습니다.

첫째로 제일 좋은 옷을 입히라 명합니다. 이제 아들로서 이 집의 주인이라는 선포입니다. 그리고 가락지를 끼우라고 하십니다. 고대 사회에서 가락지는 권세와 가문의 상징이었습니다.

즉 아들에게 가락지를 끼워줌으로써 아들의 신분을 회복시켜 주신 것입니다. 또한 22절에 신발을 신기는 모습이 등장합니다. 그 시대의 노예와 품꾼들은 신발이 없었습니다. 가장 좋은 가죽 신발을 신겨줌으로써 그가 이 집안의 주인인 것을 다시 확인시켜 주었고, 풍악을 울리며 살진 송아지를 잡아 잔치를 베풀어 줌으로써, 온 천하를 향해서 돌아온 탕자가 여전히 자신의 아들임을 선포하고 있습니다.

하나님께 나아갈 때 우리는 감히 하나님 앞에 설 수 없는 죄인인 것을 고백합니다. '내가 어떻게 전능자 하나님의 아들이 될 수 있을까? 하나님, 저는 자격이 없습니다'라고 고백합니다. 그러나 하나님은 "아들아, 네가 자격이 있어서, 너의 행실이 위대해서, 네가 도덕적으로 탁월해서, 네가 선행을 많이 했기 때문에 내가 너를 아들 삼았다"라고 말씀하지 않습니다. 하나님께서는 가장 사랑하는 독생자 예수 그리스도를 우리에게 내어주심으로 우리

> 아버지가 탕자를 받아들인 것처럼, 예수님께서도 죄인인 우리를 사랑하시겠다고 선포하신다.

를 아들 삼아 주셨습니다. 아버지의 권세로, 아버지의 사랑으로, 아버지의 방법을 따라서 우리를 용서해 주시고, 우리를 받

아주시고, 우리를 아들 삼으신 것입니다.

비유의 의미

예수님의 이 비유를 듣고 있던 두 무리의 사람들이 있었습니다. 첫째는 당시 예수님께서 함께 식사하시며 친구로 받아주셨던 세리와 창녀들이었습니다. 그 시대 상류층과 기득권자들은 도무지 사람취급하지 않았던 소외된 영혼들을 예수님께서는 도우시며 함께 식사를 했습니다. 하나님 아버지께서 저들을 사랑하셨기 때문에 예수님께서도 저들을 사랑하신 것입니다. 따라서 예수님께서는 이 탕자 비유를 통해 세리와 창녀들에게 자신도 하나님처럼 그들을 사랑하겠다고 선포하고 계신 것입니다.

두 번째 대상이 있었습니다. 누가복음 15장 1절에서 모든 세리와 죄인들이 말씀을 들으러 가까이 예수님께 나아왔을 때 그것을 원망하던 사람들이 있었습니다. "아니, 죽은 자도 살리고 많은 병자를 살린 예수는 왜 우리 같은 상류층 인사들을 대우하지 않고 죄인들과 함께 밥을 먹고 다닌단 말인가? 죄인과 같은 부류가 아닌가!" 질타를 가하고 있었습니다. 그런데 본문 3절을 보면 예수님께서는 바로 그들에게 이 비유를 말씀하고 계십니다. 즉 이 비유는 그 시대의 기득권자들을 향한 하나님의 경고였습니다. "너희가 만약 지금 회개하지 않으면 모든 것을 상실할 때가 올 것이다. 그러니 지금 하나님께 돌아와라. 너희가 가진 모든 소유와 너희가 가진 모든 권력이 너희 것이 아니고 하나님의 것이다. 너희의 죄악상은 결국 너희가 인간 이하로 취급하는 저들의 죄악과 전혀 다를 바 없다."

하지만 바리새인들은 예수님의 경고를 받아들이지 않았습니다. 저들은 인간 등급이 다르다고 생각했습니다. 그러나 예수님은 모두 똑같은 죄인이라고 경고했습니다. 그렇기 때문에 소외된 영혼들을 돕는 것을 불편하게 생각하지 말고 바리새인도 회개하고 예수 그리스도의 은혜 앞에 엎드려야 할 것을 간절히 권면하신 것입니다.

아버지의 사랑

가나안 농군학교를 설립했던 김용기 장로님은 평생 농촌 개간운동 및 국민정신 개조운동을 펼치셨습니다. 김장로님은 한 끼 식사를 하기 위해 4시간의 노동을 공동체 회원들에게 요청했으며 결국 하루에 12시간을 일하도록 했습니다. 김장로님은 이 노동의 강도를 초등학교에 다니는 아들에게까지 요구했습니다. 아이들은 3시에 집에 들어오면 밤 9시, 10시까지 이 개간운동을 같이 했습니다. 둘째 아들이 너무 너무 고생스러 웠던지, 어느 날 갑자기 '난 도저히 이렇게 살 수 없다'며 가출을 시도했습니다. 그런데 못살던 5~60년대에 누가 가출한 아이에게 밥을 먹여 주겠습니까? 둘째 아들은 실컷 굶고 고생하다가 다시 새벽녘에 아버지 집으로 돌아옵니다. 그리고 인기척을 살피는데 기도 소리가 들렸습니다. 아버지가 주무시지도 않고 자신을 위해 기도하고 계셨습니다.

"하나님, 제 사랑하는 아들이 민족의 지도자가 돼야 할 터인데… 제 아들이 이 농촌 개간 운동의 의미를 알 수 있는 날이 속히 오게 도와주소서! 또한 하나님 아버지께 속히 돌아오게 해 주소서." 이 아버지의 기도를 들은 그는 평생 아버지의 사업, 하나님의 사업, 민족 사업에 투신하기로 마음을 굳게 먹고 오늘도 가나안 농군학교에서 하나님을 섬기고 있습니다. 여러분, 왜 우리에게 육신의 아버지를 주셨을까요? 그것은 바로 하나님 아버지의 그 사랑을 알도록 돕기 위한 하나님의 위대한 방법입니다.

회복된 신분

Power Point

1. 스스로 돌이킨 탕자

탕자는 많은 재산으로 허랑방탕하게 다닐 때에는 자신에 대해서 발견하지 못했습니다. 그런데 이 모든 것을 잃었을 때 스스로 돌이켰습니다. 회개란 전능하신 하나님 앞에서 내 영혼 안으로 돌아오는 것입니다. 전능하신 하나님 앞에서 나를 정직하고 진실하게 발견하는 것입니다.

2. 아버지께 돌아온 탕자

탕자가 모든 것을 상실한 다음 깨달은 것이 하나 있습니다. 그것은 내 인생의 유일한 해결책은 아버지께로 돌아가는 것이라는 사실이었습니다. 회개란 나 자신을 발견할 뿐만 아니라 전능하신 하나님께로 내 영혼을 돌이키는 것입니다. 나를 창조하신 하나님, 내 영혼을 진실로 사랑하시는 아버지 하나님께로 돌아가는 것입니다. 이것이 회개의 결단입니다.

3. 하나님 아버지의 사랑

하나님께 나아갈 때 우리는 감히 하나님 앞에 설 수 없는 죄인임을 고백합니다. '내가 어떻게 전능자 하나님의 아들이 될 수 있을까? 하나님, 저는 자격이 없습니다'라고 고백합니다. 그러나 우리 하나님께서는 가장 사랑하는 독생자 예수 그리스도를 우리에게 내어주심으로 우리를 받아주시고 우리를 아들 삼아주셨습니다.

What is the gospel?

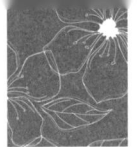

6. 하나님의 기쁨, 내 기쁨!

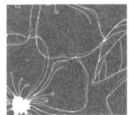

 아버지는 종들에게 이르되 제일 좋은 옷을 내어다가 입히고 손에 가락지를 끼우고 발에 신을 신기라 그리고 살진 송아지를 끌어다가 잡으라 우리가 먹고 즐기자 이 내 아들은 죽었다가 다시 살아났으며 내가 잃었다가 다시 얻었노라 하니 저희가 즐거워하더라 맏아들은 밭에 있다가 돌아와 집에 가까왔을 때에 풍류와 춤추는 소리를 듣고 한 종을 불러 이 무슨 일인가 물은대 대답하되 당신의 동생이 돌아왔으매 당신의 아버지가 그의 건강한 몸을 다시 맞아 들이게 됨을 인하여 살진 송아지를 잡았나이다 하니 저가 노하여 들어가기를 즐겨 아니하거늘 아버지가 나

와서 권한대 아버지께 대답하여 가로되 내가 여러 해 아버지를 섬겨 명을 어김이 없거늘 내게는 염소 새끼라도 주어 나와 내 벗으로 즐기게 하신 일이 없더니 아버지의 살림을 창기와 함께 먹어버린 이 아들이 돌아오매 이를 위하여 살진 송아지를 잡으셨나이다 아버지가 이르되 얘 너는 항상 나와 함께 있으니 내 것이 다 네 것이로되 이 네 동생은 죽었다가 살았으며 내가 잃었다가 얻었기로 우리가 즐거워하고 기뻐하는 것이 마땅하다 하니라

(눅 15:22-32)

아버지와 큰아들

어린 시절 제가 살았던 동네에 쌍벽을 이루는 두 집안이 있었습니다. 그중에 한 집안은 자녀가 6남매였는데, 그 집안의 어르신은 어린 시절 고생을 많이 했던 분이었습니다. 머리는 좋은데 집안이 가난한 터라 서울에서 고학을 하며 휘문중고등학교를 다녔습니다. 그분은 자신이 너무나 고생을 했기 때문에 자식들에게는 가난을 물려주지 않기 위해서 열심히 재산을 늘려 논 200여 마지기를 일궜습니다. 대학을 나온 큰아들이 결혼을 하게 되자, 어르신 내외는 큰아들 내외와 함께 살면서 대가족 살림을 꾸려가게 되었습니다. 둘째 아들이 대학을 다

니게 되자 그 뒷바라지를 하였고, 셋째가 서울의 명문대에 들어가면서 논을 20여 마지기 팔아서 하숙비, 등록금, 책값을 충당했습니다. 넷째를 위해서도 다섯째를 위해서도 그렇게 아낌없이 뒷바라지를 했습니다. 무려 20여년 동안 자식들을 뒷바라지하며 논 100여 마지기를 팔았습니다. 그런데 그때마다 큰아들 내외는 아버지를 향해서 이렇게 말했습니다. "아버지, 이거 다 팔아버리면 더 나이 들어 어떻게 사시려고 그러세요?" 큰아들 내외는 정말 아버지의 말년이 걱정 되어서 그렇게 말했을까요? 사실 큰아들 내외는 아버지가 다른 자식들을 위해 땅을 팔 때 '결국 다 우리 재산인데…'라는 생각 때문에 재산이 줄어드는 것이 너무 아까웠던 것입니다. 자신의 땅이라고 생각했던 논들이 다른 사람의 손에 넘어가는 것을 지켜보는 것이 너무 괴로웠습니다. 그래서 늘 아버지에게 불평하고 항변하다 큰아들 내외는 결국 더는 그 꼴을 볼 수 없다며 고향을 등지고 떠나고 말았습니다.

오늘 본문 말씀이 바로 이와 동일한 내용입니다. 동일한 고통을 겪고 있는 큰아들의 모습이 선명하게 그려지고 있습니다. 사실, 둘째아들은 이미 아버지로부터 자신의 분깃을 모두 받아 허랑방탕하게 다 써버린 상태였습니다. 그리고 도무지 견딜 수 없어서 품꾼이라도 되려는 목적으로 아버지 집에 찾아온 상황이었습니다. 그러나 아버지는 빈털터리로 돌아온 아들을 뜨겁게 환영하면서 성대한 잔치를 열어주었습니다. 바로 이때 큰아들이 집으로 돌아오고 있었습니다. 그런데 자신의 집에서 요란한 풍류소리가 들려오기 시작했습니다. 맛있는 음식 냄새가 진동을 하고 있었습니다. 종에게 물었습니다. "애야, 도대체 무슨 일이냐? 무엇 때문에 잔치가 벌어졌단 말이냐?" 종이 답변합니다. "당신의 동생이 드디어 집으로 돌아와 당신의 아버지께서 살찐 송아지를 잡고, 온 동네 사람들을 초청해서 축하 잔치를 열고 계십니다." 이 말을 듣고 있던 큰아들의 얼굴이 일그러졌습니다. 말할 수 없는 분노가 온몸을 감쌌습니다. 이때 아버지가 큰아들의 일그러진 얼굴을 보며 묻습니다.

"내 아들아, 어서 오너라. 내가 그렇게 기다리던 너의 동생이 돌아왔구나."

큰아들은 차갑게 아버지의 손을 뿌리칩니다. 그 잔치에 들어가는 것을 거부합니다. 그리고 아버지를 향해서 분노의 절규를 합니다.

"내가 여러 해 아버지를 섬겨 명을 어김이 없거늘 내게는 염소 새끼라도 주어 나와 내 벗으로 즐기게 하신 일이 없더니 아버지의 살림을 창기와 함께 먹어버린 이 아들이 돌아오매 이를 위하여 살진 송아지를 잡으셨나이다"(눅 15: 29-30).

큰아들의 죄 ①_ 아버지의 마음을 몰랐음

큰아들은 왜 이렇게 행동하고 있습니까? 문제가 무엇입니까? 우리가 큰아들의 입장이라면 우리도 그렇게 분노할 것 같지 않습니까? 큰아들의 고통이 공감되지 않습니까? 그것이 과연 잘못된 것일까요? 사실, 둘째 아들은 누가 보아도 죄인입니다. 죄과가 분명합니다. 당시 유대사회에서는 아버지가 살아계심에도 불구하고 아버지의 재산을 요구하는 것은 큰 죄였습니다. 아버지가 살아계심에도 불구하고 그 농토를 팔아치우는 것 또한 큰 죄였습니다. 아버지의 시선을 떠나 멀리 타향에 가서 그 모든 재산을 허랑방탕하게 허비하고 쾌락에 빠져 살았던 아들은 분명 배신자였습니다. 그러나 큰아들은 달랐습니다. 아버지 시선 밑에 있었습니다. 한지붕 아래 살고 있었습니다.

한솥밥을 먹었습니다. 그는 이렇게 고백합니다. "여러 해 아버지를 섬겨 명을 어김이 없거늘." 아버지가 논에 물을 대야 한다고 하면 논에 가서 물을 댔습니다. 밭에 김을 매야 한다고 하면 어김없이 아버지의 명을 받들어서 종들과 함께 김을 맸습니다. 그는 겉으로 보기엔 효자였습니다. 겉으로 보기엔 아무 문제가 없었습니다.

> 나는 진정 하나님의 마음을 헤아리고 있는가? 옆에 같이 있다고 해서 같은 마음을 갖는 것은 아니다.

그런데 문제는 큰아들이 정작 아버지의 마음을 알지 못했다는 것입니다. 같은 지붕 아래 산다고 해도 같은 마음이 아닐 수 있습니다. 큰아들은 아버지와 완전히 다른 마음이었습니다. 아버지의 마음, 아버지의 감성, 아버지의 아픔을 전혀 알지 못했습니다. 아버지는 둘째가 집을 나간 이후 온통 둘째 생각에 사로잡혀 있었습니다. '얘가 허영기가 많고 허랑방탕한 놈인데, 과연 그 재산을 제대로 일굴 수 있을까? 만일 사기꾼이라도 만나면 어쩌지? 밥은 제대로 먹고 있을까? 언제나 돌아올까?' 이제나 저제나 시간만 나면 동구 밖에 나가서 아들의 모습을 기다렸던 아버지의 마음을 큰아들은 전혀 헤아리지 못했습니다. 아들을 애타게 기다리다 저 멀리서 실낱 같이 움직이는 아들의 모습을 보고, 저 실낱 같은 모양새의 주인공이 바로 자신의 아들임을 즉시 알아차리고 뛰어가 품에 안고 기뻐했던 아버지의 마음을 큰아들은 몰랐습니다. 또 아들이 돌아온 것이 너무 기뻐 잔치를 열어 마을 사람들과 더불어 그 기쁨을 나누고자 열망했던 아버지의 마음을 큰아들은 이해할 수 없었습니다. 둘째 아들이 돌아와 "아버지여 내가 하늘과 아버지께 죽을 죄를 지었나이다" 고백했을 때 아버지는 아들을 다시 얻은 기쁨이 천하를 얻은 기쁨보다 더 컸음을 큰아들은 몰랐습니다. 오히려 큰아들은 둘째 아들이 돌아와 아버지의 사랑을 빼앗겼다고 생각했습니다. 또한 둘째가 다시 돌아와 자신에게 돌아올 재산의 분깃이 또다시 둘로 나뉘어졌다고 생각했습니다. 그러니 아버지의 기쁨이 도무지 이해가 되지 않았습니다.

탕자 비유의 의미

누가복음 15장 1-2절에 예수님께서 이 탕자의 비유를 예로 드신 이유가 나와 있습니다. 모든 세리와 죄인들이 말씀을 들으러 예수님께 가까이 나아왔을 때 바리새인과 서기관들의 반응이 바로 큰아들과 같았습니다. 그들은 예수님을 원망했습니다. "이 사람이 죄인을 영접하고 음식을 같이 먹는다 하더라"(눅

15:2). 예수님께서는 이들의 불편한 마음을 보시고 그들을 깨우치기 위해서 바로 이 비유를 하신 것입니다.

당시 세리들은 백성들로부터 재산을 착취해서 로마제국에 세금으로 바치고 일부는 착복했던 민족의 배신자들이었습니다. 창녀들 또한 인간 이하의 취급을 받았던 자들이었습니다. 그런데 예수님께서 그들을 만나시고 그들에게 회개를 촉구하셨을 때, 그들은 예수님을 통해서 회개하고 하나님의 영광을 맛보며 은혜의 잔치에 참여하게 되었습니다. 그런데 바리새인들과 서기관들은 도무지 이것을 이해할 수가 없었습니다. 왜냐하면 자신들은 의로운 사람들이라고 생각했기 때문입니다. '나는 간음하지 않았고, 나는 토색하지 않았고, 나는 곁길로 가지 않고 똑바로 인생을 살았습니다. 나는 십계명을 열심히 준수했습니다.' 그러나 그들은 형식적으로는 계명을 지켰을지 모르지만 하나님을 사랑하고 이웃을 사랑하라는 대계명은 오히려 어기고 있었습니다. 그들은 이 사실을 알지 못했습니다.

> 하나님의 계명은 마음과 목숨과 뜻을 다하여 하나님을 사랑하고 이웃을 사랑하라는 것이다.

예수님께서는 이렇게 말씀하셨습니다.

"새 계명을 너희에게 주노니 서로 사랑하라 내가 너희를 사랑한 것같이 너희도 서로 사랑하라 너희가 서로 사랑하면 이로써 모든 사람이 너희가 내 제자인 줄 알리라"(요 13:34-35).

또한 예수님께서는 마태복음 22장 37절 이하에서 "네 마음을 다하고 목숨을 다하고 뜻을 다하여 주 너의 하나님을 사랑하라"고 명하셨습니다. 그저 그냥 사랑하라고 하신 것이 아니라 마음을 다하고 뜻을 다하고 목숨을 다해서 사랑하라고 하셨습니다. "이것이 크고 첫째 되는 계명이요 둘째는 그와 같으니 네 이웃을 네 몸과 같이 사랑하라"(마 22:38-39). 이것이 가장 중요한 하나님의 뜻이었습니다. 그런데 바리새인들과 서기관들은 도무지 이웃을 사랑하지 않으면서 자신들은 의인이라고 생각했습니다. 그래서 예수님께서 이 탕자의 비유를 말씀해 주신 것입니다.

그렇다면 돌아온 둘째 아들, 탕자는 누구를 가리키는 것입니까? 바로 세리와 창기들을 말합니다. 집에 있으면서 도무지 아버지의 명령을 어긴 적이 없었던 큰아들은 누구를 말합니까?

바로 바리새인들과 서기관들을 말하는 것입니다.

큰 아들의 죄 ②_ 지독한 이기심

큰아들은 아버지의 마음을 알지 못하고 철저히 이기적인 본성대로 행동하고 있습니다. 큰아들은 지독한 이기심으로 무장되어 있어서 놀랍게도 사랑하는 동생의 귀환마저도 이익의 관점에서 보고 있었기 때문에 기뻐할 수 없었습니다. 내 재산이 나눠지고 아버지의 사랑이 나눠진다고 본 것입니다. 이제 동생은 더 이상 동생이 아닙니다. 인생의 경쟁자가 되었습니다. 그리고 지금껏 아버지를 섬겨온 이유도 보상을 바라고 한 것이라는 사실이 드러납니다. "내가 여러 해 아버지를 섬겨 명을 어김이 없거늘 내게는 염소 새끼라도 주어 나와 내 벗으로 즐기게 하신 일이 없더니"(29절). 그는 철저히 보상심리에 사로잡혀 있는 모습을 보여줍니다. 죽었다 살아난 동생이 돌아와도 전혀 기쁨을 누릴 수 없고, 이 유치한 보상심리에 사로잡혀 있는 비참한 큰아들의 모습을 보십시오.

> 우리가 이기심에 사로잡혀 있을 때 우리는 하나님 아버지의 마음을 알 수 없게 된다.

여러분도 혹 이 큰아들의 입장에 서 있지는 않습니까? 우리가 큰아들의 입장에 서면 문제의 본질을 놓치기가 쉽습니다. 왜입니까? 우리는 본질적으로 죄인이기 때문입니다. 우리 안에 하나님의 사랑이 식고 우리 안에 이웃을 향한 사랑이 식어갈 때 자신을 깊이 성찰하지 않으면 이기심은 보이지 않습니다. 깊이 성찰하지 않으면 큰아들처럼 돌이킬 수 없는 실수를 저지르게 됩니다.

일전에 미국에 다녀오면서 저는 큰 실수를 저질렀습니다. 저는 지방간이 있고 간수치가 높아서 의사의 처방을 따라 두 가지를 열심히 합니다. 첫째는 음식조절입니다. 고기는 거의 먹지 않고 주로 야채를 먹습니다. 저녁에는 두부 반 모에 밥 두 숟가락밖에 안 먹습니다. 두 번째로 운동을 열심히 합니다. 대부분의 운동은 파트너를 필요로 합니다. 탁구도 파트너가 있어야 하고 축구도 파트너가 있어야 합니다. 그런데 목회를 하면서 파트너를 필요로 하는 운동을 하는 것은 쉽지 않습니다. 평신도들에게는 자유로운 주말이 우리 목회자들에게는 사역의 집중력이 요청되는 날이기 때문입니다. 그래서 파트너 없이 할 수 있는 운동을 궁리하다 달리기와 걷기가 좋겠다는 결론을 내리고, 이 운동을 열심히 하고 있습니다. 이번 여행 중에도 걷기 운동을 같이 해 볼 양으로 신발을 신중하게 골랐습니다. 짐을 줄이기 위해서는 운동하기에도 적합한 캐쥬얼 구두가 좋겠다 싶었습니다. 한 10년 전에 산 랜드로바가 있었는데, 그것이 설교할 때에도 운동하기에도 적합하겠다는 생각이 들었습니다. 그런데 최근 1년간은 거의 신지 않던 신발이라 혹시 문제가 있지 않을까 내심 걱정이 되면서도 깨끗이 닦아서 신고, 공항으로 출발했습니다. 인천공항에 도착해서 짐을 들고 조금 빨리 걸었습니다. 그런데 갑자기 왼쪽 신발 뒤축이 푹 꺼지는 겁니다. 이상하다 생각하면서도 또 빠른 걸음으로 열심히 걸었습니다. 그런데 이번에는 오른쪽 신발 뒤축이 푹 꺼졌습니다. 위기의식을 느끼고 조용히 구석에 가서 신발을 살펴봤더니 뒤축에서 톱밥 같은 것이 계속 쏟아지면서 뒤축이 힘없이 푹 꺼진 것이었습니다. 어떻게든 LA공항까지는 가야겠기에 처음에는 신발을 벗고 걸었습니다. 그런데 사람들이 쳐다보는 통에 도저히 계속 걸을 수가 없었습니다. 이 모습으로 걷다가 지인을 만나면 체면이 말이 아닐 것 같았습니다. 그래서 의자에 앉아서 "주여! 방법이 없겠습니까?"라고 기도하고 있는데, 스카치테이프로 붙여보면 되겠다는 생각이 들었습니다. 한 가게에서 스카치테이프를 빌리고 공항 구석에 가서 신발 뒤축을 스카치테이프로 모두 붙였습니다. 스카치테이프로 붙였더니 겉은 멀쩡해 보였습니다. 하지만 속은 텅 비어 있어서 저는 그때부터 발뒤축을 들고 발레를 하며 걸었습니다. 저는 인천공항이 그렇게 큰 줄 몰랐습니다. 태어나서 처음이자 마지막으로 그렇게 기나긴 시간 동안 발레를 하고 또 했습니다.

진정한 자기 성찰

오래된 랜드로바를 신을 것인가, 말 것인가를 결정할 때 제대로 성찰하지 못한 것은 두세 시간 발레 하는 대가 정도로 그칩니다. 그러나 내 안에 숨겨진 이기심을 바로 보지 못하는 것은 너무나 심각한 문제입니다. 가장 사랑해야 할 동생을 인생의 경쟁자로 바라보는 이 극단적인 이기심의 정체를 바로 보지 못할 때 우리는 동생을 적으로 만듭니다. 아버지와 한지붕 아래 있지만 도무지 아버지의 마음을 이해하지 못하는 비극을 초래합니다.

이 기쁜 잔치에서 펼쳐지는 아이러니한 광경을 보십시오. 동네 사람들의 웃음거리가 되지 않겠습니까? 아버지는 둘째 아들이 살아왔다고 손에 금가락지를 끼우고 송아지를 잡아 잔치를 벌이며 기쁨에 취해서 둘째 아들을 껴안고 춤을 추고 있습니다. 그런데 큰아들은 분노의 함성을 외치고 있습니다. 아버지가 나를 위해 해준 것이 뭐냐고 따집니다. 나를 위해서는 염소 새끼 한 마리 잡은 적이 없으면서 허랑방탕하게 살다온 둘째를 위해서는 잔치를 벌인다고 불평을 합니다. 비참한 집안 싸움을 동네 사람들이 보고 비웃지 않겠습니까?

큰아들이 범한 또 하나의 무서운 죄는 자신의 동생을 미워한 것입니다. 그는 단 하나밖에 없는 동생을 미움의 대상으로 여기고 있습니다. 누가복음 15장을 자세히 살펴보면 둘째 아들이 '허랑방탕해서 창기와 살았다'고 표현한 사람은 바로 큰아들이었습니다. 30절에서 큰아들이 처음으로 이렇게 자신의 동생을 표현합니다. "아버지의 살림을 창기와 먹어버린 이 아들"이라는 표현 속에는 동생에 대한 그의 미움이 그대로 드러나고 있습니다. 즉, 이 말은 더는 그를 자기 동생으로 여기고 있지 않다는 의미입니다. 동생은 이제 동생이 아닙니다. 동생은 내 인생의 경쟁자입니다. 동생은 미움의 대상이고, 동생은 나에게 고통을 주는 대상이고, 그래서 동생은 제거 대상입니다.

아버지는 왜 잔치를 열었을까요? 둘째 아들이 돌아온 것이 기뻐서 그를 격려하기 위해서일까요? 둘째 아들도 사랑하는 내 아들임을 선포하기 위해서일까요? 물론 맞습니다. 그러나 그것은 피상적인 관찰입니다. 아버지가 잔치를 벌인 진정한 이유는 아들을 다시 찾은 기쁨, 그 한량 없는 기쁨을 표현하기 위해서였습니다. 아들을 다시 찾은 주체할 수 없는 기쁨을 많은 다른 사람들과 나누

> 내 안에 사랑이 식어지고 분노, 미움, 죄가 틈탈 때 우리는 진지하게 자기 자신을 돌아볼 수 있어야 한다.

고 싶었던 것입니다. 아버지는 둘째 아들로 인해 하늘이 열리는 기쁨을 누리고 있는데, 큰아들은 둘째 아들로 인해 땅이 꺼지는 분노, 미움, 고통을 겪고 있습니다.

우리가 사람과의 관계에서 상처를 받을 때 그 상처의 원인을 남에게서 찾으면 안됩니다. 큰아들이 우주가 깨어지는 마음의 상처와 고통을 받고 있었지만 그 상처는 본인 안에 있는 이기심 때문에 생긴 것이었습니다. 우리가 상처 받을 때 그 원인이 내 안에 있을 수 있음을 알아야 합니다. 나의 이기심이 충족되지 않을 때 우리는 말할 수 없는 상처를 받습니다. 인간의 진면목이 바로 이렇습니다. 때로 슬픔과 분노, 죄와 미움이 조절할 수

없을 만큼 내 안에 차오를 때가 있습니다. 그때 우리가 할 일은 무엇입니까? 하나님 앞에서 솔직해지는 것입니다. 숨기지 않는 것입니다. 솔직하게 고백하는 것입니다. "주님, 내 안에 분노가 있고, 미움이 있습니다. 나는 죄인입니다. 나는 친동생을 품을 수 없는 죄인입니다. 내가 나를 다스릴 수 없습니다. 그러니 아버지여! 나를 불쌍히 여겨 주시옵소서. 용서하여 주시옵소서. 내 마음을 바꿔 주시옵소서. 내가 할 수 없는 그 일을 하나님께서 내 마음속에 이루어 주시옵소서!" 이렇게 우리의 마음을 솔직하게 내어 놓을 때 우리 주님께서 말할 수 없는 권세로, 성령의 능력으로 치료의 광선을 발하십니다. 내 마음을 180도 바꿔주십니다.

아버지의 기쁨, 내 기쁨!

2차 대전 당시 유대인 중에 코리텐 붐(Corrie Ten Boom)여사가 있었습니다. 이분은 자신의 어머니가 독일 나치에 의해 고문당하고 죽는 모습을 목도해야만 했습니다. 동생과 함께 벌거벗김을 당하고 갖은 모욕을 당했습니다. 그녀는 가스실로 가기 직전에 기적같이 살아남았습니다. 코리 여사는 이 말할 수 없는 고통을 경험하면서 예수님을 만났고, 이 예수님의 사랑에 이끌려 독일 전역을 다니면서 용서와 화해의 복음을 증거하기 시작했습니다. 그러던 어느 날 한 교회에서 예전과 마찬가지로 사랑과 용서에 대한 설교를 마치고 인사를 나누는데, 한 사나이가 멀리서 걸어오는 것이 보였습니다. 바로 나치 독일 군인이었습니다. 과거의 군복을 벗고 신사복을 입고 있었지만 그는 분명 자신을 벌거벗기고 모욕했던 그 사람이었습니다. 소름끼치는 미움이 그의 전신을 휘감았습니다. 그때의 기억을 코리텐 붐 여사는 이렇게 기록하고 있습니다.

> 하나님 아버지의 기쁨이 나의 기쁨이 될 때 우리는 진정한 구원의 기쁨을 누릴 수 있다.

"그때 기도했습니다. '하나님 저는 강단에서 용서를 외쳤는데, 정작 제 자신은 그를 용서할 수 없습니다. 주님, 저를 불쌍히 여겨 주시옵소서. 성령께서 제 마음속에 은혜를 베풀어 주시옵소서.' 기도하면서 눈을 뜨고 이 원수 같은 사나이를 향해서 악수의 손을 내밀었을 때, 성령께서 말할 수 없는 치료의 영으로 제 안에 임재하사 모든 미움을 녹여주시고 넘치는 사랑으로 채워주셨습니다."

여러분, 오늘 우리는 이웃에 대해 어떤 마음을 갖고 있습니까? 우리를 모함하고 해를 끼친 영혼들을 예수님의 사랑으로 사랑하고 있습니까? 그렇지 않다면 우리는 기도해야 합니다. 예수님의 사랑을 내 안에 부어주시길 기도해야 합니다. 예수님께서 나를 사랑하신 것처럼 내 안에도 영혼을 향한 그 사랑이 넘쳐나길 기도해야 합니다. 이 시간 우리 모두 이렇게 기도할 수 있기를 소망합니다. "우리가 하나님을 사랑하되, 목숨을 다하여서 사랑할 수 있도록 도와주시옵소서. 우리가 이웃을 사랑하되 진실로 그 영혼을 주님 앞에 인도하기까지 사랑할 수 있도록 은혜를 부어 주시옵소서."

이것이 우리를 사랑하시는 아버지 하나님의 마음입니다. 우리 모두 아버지의 기쁨에 진정으로 참여할 수 있기를 소망합니다.

하나님의 기쁨, 내 기쁨
Power Point

1. 아버지와 큰아들

아버지는 집 나간 둘째 아들을 노심초사 기다리다 그 아들이 돌아오자 세상을 다 얻은 듯한 기쁨으로 성대한 잔치를 벌입니다. 동네 사람들을 다 불러 잔치를 벌이며 기뻐합니다. 그러나 아버지와 늘 함께 있던 큰아들은 그러한 아버지의 마음을 전혀 헤아리지 못하고 오히려 동생을 환대함에 격렬히 노를 발합니다. 아버지의 기쁨을 이해하지 못하고 불평합니다.

2. 큰아들의 죄

큰아들은 아버지와 함께 있었지만 아버지의 마음, 감정, 아픔을 알지 못했습니다. 그리고 지독한 이기심으로 동생의 귀환을 바라봅니다. 동생을 '아버지의 살림을 창기와 함께 먹어버린 아들'이라고 표현하며 동생이 아버지의 재산과 사랑을 빼앗아 갔다고 생각합니다. 진정한 자기성찰이 없을 때 우리도 큰아들과 같이 내 안에 있는 죄의 정체를 알아차리지 못합니다.

3. 아버지의 기쁨, 내 기쁨

오늘 우리는 이웃에 대해 어떤 마음을 갖고 있습니까? 우리를 모함하고 해를 끼치는 영혼들을 예수님의 사랑으로 사랑하고 있습니까? 그렇지 않다면 우리는 기도해야 합니다. 이것이 우리를 사랑하시는 아버지 하나님의 마음입니다. 우리 모두 아버지의 기쁨에 진정으로 참여할 수 있기를 소망합니다.

복음이란 무엇인가?

Precept

저　자 | 김경섭

초판 1쇄 | 2008년 10월 30일
초판 3쇄 | 2013년 9월 10일

발행인　 | 김경섭
국제총무 | 최복순
총무　　 | 김상현　　　　　　　　기획국장 | 김현욱
사역부　 | 박상철　　　　　　　　서적부　 | 양재성, 신충경
편집부　 | 이승민(편집실장), 박은실(팀장), 김지혜, 허윤희

발행처　 | 프리셉트선교회
등록번호 | 108-82-61175
일부총판 | (사) 두란노서원 Tel. (02) 2078-3333　Fax. 080-749-3705

주　　소 | 서울시 동작구 사당5동 190-220 (우) 156-095
전　　화 | (02) 588-2218　　　　　　팩　　스 | (02) 588-2268
홈페이지 | www.precept.or.kr
국민은행 772-21-0310-382(김경섭)
2008 ⓒ 프리셉트성경연구원

값 7,000원
ISBN 978-89-8475-392-1   03230

독자 여러분의 의견을 기다립니다.
독자 전화 (02) 588-2218 / pmnqt@hanmail.net